京华通览

西山永定河文化带

主编／段柄仁

周口店遗址

董拯民／编著

北京出版集团公司
北京出版社

图书在版编目（CIP）数据

周口店遗址 / 董拯民编著. — 北京：北京出版社，2018.11
（京华通览 / 段柄仁主编）
ISBN 978-7-200-13831-3

Ⅰ. ①周… Ⅱ. ①董… Ⅲ. ①周口店（考古地名）—文化遗址—介绍 Ⅳ. ①K878.3

中国版本图书馆CIP数据核字（2018）第006429号

出 版 人　曲　仲
策　　划　安　东　于　虹
项目统筹　董拯民　孙　菁
责任编辑　孙　菁　高　琪
封面设计　田　晗
版式设计　云伊若水
责任印制　燕雨萌

"京华通览"丛书在出版过程中，使用了部分出版物及网站的图片资料，在此谨向有关资料的提供者致以衷心的感谢。因部分图片的作者难以联系，敬请本丛书所用图片的版权所有者与北京出版集团公司联系。

京华通览
周口店遗址
ZHOUKOUDIAN YIZHI
董拯民　编著

*

北京出版集团公司
北京 出 版 社　出版
（北京北三环中路6号）
邮政编码：100120

网　　址：www.bph.com.cn
北京出版集团公司总发行
新 华 书 店 经 销
天津画中画印刷有限公司印刷

*

880毫米×1230毫米　32开本　5.875印张　120千字
2018年11月第1版　2022年11月第3次印刷
ISBN 978-7-200-13831-3
定价：45.00元

如有印装质量问题，由本社负责调换
质量监督电话：010-58572393

《京华通览》编纂委员会

主　任　段柄仁
副主任　陈　玲　曲　仲
成　员　（按姓氏笔画排序）
　　　　于　虹　王来水　安　东　运子微
　　　　杨良志　张恒彬　周　浩　侯宏兴
主　编　段柄仁
副主编　谭烈飞

《京华通览》编辑部

主　任　安　东
副主任　于　虹　董拯民
成　员　（按姓氏笔画排序）
　　　　王　岩　白　珍　孙　菁　李更鑫
　　　　潘惠楼

序

PREFACE

擦亮北京"金名片"

段柄仁

北京是中华民族的一张"金名片"。"金"在何处？可以用四句话描述：历史悠久、山河壮美、文化璀璨、地位独特。

展开一点说，这个区域在70万年前就有远古人类生存聚集，是一处人类发祥之地。据考古发掘，在房山区周口店一带，出土远古居民的头盖骨，被定名为"北京人"。这个区域也是人类都市文明发育较早，影响广泛深远之地。据历史记载，早在3000年前，就形成了燕、蓟两个方国之都，之后又多次作为诸侯国都、割据势力之都；元代作为全国政治中心，修筑了雄伟壮丽、举世瞩目的元大都；明代以此为基础进行了改造重建，形成了今天北京城的大格局；清代仍以此为首都。北京作为大都会，其文明引领全国，影响世界，被国外专家称为"世界奇观""在地球表面上，人类最伟大的个体工程"。

北京人文的久远历史，生生不息的发展，与其山河壮美、宜生宜长的自然环境紧密相连。她坐落在华北大平原北缘，"左环沧海，右拥太行，南襟河济，北枕居庸""龙蟠虎踞，形势雄伟，南控江淮，北连朔漠"。是我国三大地理单元——华北大平原、东北大平原、蒙古高原的交汇之处，是南北通衢的纽带，东西连接的龙头，东北亚环渤海地区的中心。这块得天独厚的地域，不仅极具区位优势，而且环境宜人，气候温和，四季分明。在高山峻岭之下，有广阔的丘陵、缓坡和平川沃土，永定河、潮白河、拒马河、温榆河和蓟运河五大水系纵横交错，如血脉遍布大地，使其顺理成章地成为人类祖居、中华帝都、中华人民共和国首都。

这块风水宝地和久远的人文历史，催生并积聚了令人垂羡的灿烂文化。文物古迹星罗棋布，不少是人类文明的顶尖之作，已有1000余项被确定为文物保护单位。周口店遗址、明清皇宫、八达岭长城、天坛、颐和园、明清帝王陵和大运河被列入世界文化遗产名录，60余项被列为全国重点文物保护单位，220余项被列为市级文物保护单位，40片历史文化街区，加上环绕城市核心区的大运河文化带、长城文化带、西山永定河文化带和诸多的历史建筑、名镇名村、非物质文化遗产，以及数万种留存至今的历史典籍、志鉴档册、文物文化资料，《红楼梦》、"京剧"等文学艺术明珠，早已成为传承历史文明、启迪人们智慧、滋养人们心灵的瑰宝。

中华人民共和国成立后,北京发生了深刻的变化。作为国家首都的独特地位,使这座古老的城市,成为全国现代化建设的领头雁。新的《北京城市总体规划(2016年—2035年)》的制定和中共中央、国务院的批复,确定了北京是全国政治中心、文化中心、国际交往中心、科技创新中心的性质和建设国际一流的和谐宜居之都的目标,大大增加了这块"金名片"的含金量。

伴随国际局势的深刻变化,世界经济重心已逐步向亚太地区转移,而亚太地区发展最快的是东北亚的环渤海地区、这块地区的京津冀地区,而北京正是这个地区的核心,建设以北京为核心的世界级城市群,已被列入实现"两个一百年"奋斗目标、中国梦的国家战略。这就又把北京推向了中国特色社会主义新时代谱写现代化新征程壮丽篇章的引领示范地位,也预示了这块热土必将更加辉煌的前景。

北京这张"金名片",如何精心保护、细心擦拭,全面展示其风貌,尽力挖掘其能量,使之永续发展,永放光彩并更加明亮?这是摆在北京人面前的一项历史性使命,一项应自觉承担且不可替代的职责,需要做整体性、多方面的努力。但保护、擦拭、展示、挖掘的前提是对它的全面认识,只有认识,才会珍惜,才能热爱,才可能尽心尽力、尽职尽责,创造性完成这项释能放光的事业。而解决认识问题,必须做大量的基础文化建设和知识普及工作。近些年北京市有关部门在这方面做了大量工作,先后出版了《北京通史》(10卷本)、《北京百科全书》(20卷本),各类志书近900种,以及多种年鉴、专著和资料汇编,等等,为擦亮北京这张"金名片"做了可贵的基础性贡献。但是这些著述,大多是服务于专业单位、党政领导部门和教学科研人员。如何使其承载的知识进一步普及化、大众化，出版面向更大范围的群众的读物，是当前急需弥补的弱项。为此我们启动了《京华通览》系列丛书的编写，采取简约、通俗、方便阅读的方法，从有关北京历史文化的大量书籍资料中，特别是卷帙浩繁的地方志书中，精选当前广大群众需要的知识，尽可能满足北京人以及关注北京的国内外朋友进一步了解北京的历史与现状、性质与功能、特点与亮点的需求，以达到"知北京、爱北京，合力共建美好北京"的目的。

这套丛书的内容紧紧围绕北京是全国的政治、文化、国际交往和科技创新四个中心，涵盖北京的自然环境、经济、政治、文化、社会等各方面的知识，但重点是北京的深厚灿烂的文化。突出安排了"历史文化名城""西山永定河文化带""大运河文化带""长城文化带"四个系列内容。资料大部分是取自新编北京志并进行压缩、修订、补充、改编。也有从已出版的北京历史文化读物中优选改编和针对一些重要内容弥补缺失而专门组织的创作。作品的作者大多是在北京志书编纂中捉刀实干的骨干人物和在北京史志领域著述颇丰的知名专家。尹钧科、谭烈飞、吴文涛、张宝章、郗志群、姚安、马建农、王之鸿等，都有作品奉献。从这个意义上说，这套丛书中，不少作品也可称"大家小书"。

总之，擦亮北京"金名片"，就是使蕴藏于文明古都丰富多彩的优秀历史文化活起来，充满时代精神和首都特色的社会主义创新文化强起来，进一步展现其真善美，释放其精气神，提高其含金量。

2017 年 11 月

目录
CONTENTS

概　述 / 1

自然历史概貌

区域地层与地貌 / 5

洞穴形成与地层堆积 / 9

龙骨山的秘密

中国猿人探秘 / 16

　中国猿人发现过程 / 16

　中国猿人化石特点 / 19

　生活遗迹 / 39

　经济形态 / 59

山顶洞人探秘 / 65

　山顶洞人发现过程 / 65

　山顶洞人化石特点 / 68

　墓葬遗迹 / 76

	文化遗迹及遗物 / 78
	经济形态 / 89
	田园洞人探秘 / 93
	田园洞人发现过程 / 93
	田园洞人化石特点 / 94
	田园洞人的考古价值 / 96
文化解码	**科研活动 / 99**
	寻找化石 / 99
	文化研究 / 106
	零星工作 / 126
	持续发展 / 130
	近年研究工作及学术成果 / 150
	研究工作 / 150
	学术成果 / 152
保护及开发利用	**遗址保护 / 158**
	国家及地方政府的保护措施 / 158
	申报世界文化遗产 / 164
	遗址的开发利用 / 165
	建立科研培训基地 / 165
	开展科普教育活动 / 169

参考书目 / 173

后　记 / 175

概 述

周口店遗址是1961年中华人民共和国国务院公布的第一批全国重点文物保护单位,包括多个旧石器时代文化遗址和晚新生代哺乳动物化石发掘地点。它的发现与研究是中国科学的一件大事,其出土的人类化石之多、石制品数量之大及用火遗迹之丰富,至今仍是同时代遗址无法相比的。

周口店一带古气候,从上新世至更新世虽有多次变动,总趋势是由湿热走向干凉,气候环境或优于今日之北京,或大体相仿,适宜于古人类生存和子孙繁衍,特别是中更新世时期的气候环境宜人。动、植物界的繁茂,为原始人提供了多种生活资源,在遗址发掘过程中发现,仅哺乳动物化石就有100多种,数以十万计,其中的一部分是人类狩猎的对象,但也有一些动物,如虎、豹、鬣狗等成为人类的天敌,使中国猿人及其后的古人类的生存环境变得严酷。

周口店遗址研究时间之长、成果之丰硕,在国际史前史中是十分罕见的。由此形成的周口店精神和良好的国际科研合作的风范,也为世人所效法和传扬。这一切使周口店遗址成为古人类学中一颗璀璨的明珠、远古文化的宝库、人们心目中的旧石器考古学的圣地,闻名遐迩,享誉国内外。

周口店遗址的研究成果,很大一部分是中国科学家取得的;在当时,对中国人来说,起到了消除民族自卑感、振奋民族精神的作用,也是最激动人心的一件大事。中国猿人化石及文化遗物和遗迹的发现与研究,使人类进化中存在猿人阶段得以确立,也使人类起源于亚洲学说,在国际人类学界独领风骚30年。

周口店遗址的研究历史已近百年,虽然人们一开始并不是目的明确地去那里找人化石或旧石器时代文化遗物,而是找哺乳动物化石,但是在旧石器考古学研究中,常常把发现哺乳动物化石看作是可能找到古人类遗存的先兆。

周口店遗址以出土丰富的、代表人类发展不同阶段的人化石著称于世。在不同时代的3处遗址:中国猿人遗址、第4地点(实为遗址,延用旧称;第15地点亦如此)和山顶洞人遗址,共发现人类化石有数可计的为238件,还有无准确数字的"单个牙齿数十颗,脊椎骨数节",故粗加估算,实际出土人化石应超过260件。

周口店遗址出土遗物量非常之大,已采集到的石制品数量非常之多,用火遗迹非常之丰富,与人类生活休戚相关的哺乳动物化石多达100多种,数以十万计,其余遗址文化遗物和遗迹也较丰富,称其为远古文化宝库当之无愧。各处遗址延续时间长,文化层厚，多在 10 米以上，最厚的有 40 多米。总体上说，从旧石器时代早期某一时段，一直延续到旧石器时代之末，这样小范围内集中那么多的文物遗址或地点且延续时间如此之长，在史前学中至今仍属罕见，3 位居齐更是绝无仅有。

在周口店遗址里均遗有丰富的用火遗迹，各遗址都曾存在过一个或数个灰烬层，从中或其他文化层中发现数量不等的烧骨、炭屑、少量的烧石，以及个别石器上留有被火烧灼的痕迹。从中国猿人遗址看，既有灰堆遗存，又有 4 个灰烬层，后者有增厚趋势。中国猿人用火的发现，是旧石器考古学中的一件大事，在当时把人类用火的历史提前几十万年。

周口店遗址是中国古人类学和旧石器考古学的科研基地，1987 年，联合国教科文组织把周口店遗址列入保护世界文化和自然遗产公约的"世界遗产清单"（301 号）。

周口店遗址是世界文化遗产，保护好它，合理的利用和严格的管理都非常必要。以往的研究成果已使世界史前学离不开它，如何使它在古人类学和旧石器考古学中发挥更大的作用，值得思考。

周口店遗址出土的部分动物化石

自然历史概貌

周口店遗址位于北京市西南房山区周口店镇西的龙骨山上,距广安门48千米,位于西山山脉向平原的过渡地带,处于上升和下降区的过渡地带,地势大致向东南倾斜。它的西北面是低山和中山区,白垩纪后更新世前以构造运动为主,形成峰峦叠嶂的中、低山地形。在龙骨山一带,有许多条北西—南东向的伸向平原的岗丘,低山缓坡,地形起伏,从周口店镇向东南就是一望无际的华北大平原。

区域地层与地貌

周口店遗址古人类活动区的地形轮廓在有古人类活动时（约60万年前）的情景与今日所见基本相似，但亦稍有差别。第四纪以来，由于受北东走向的八宝山大断裂新构造运动的影响，断裂东南盘逐级下降，堆积着厚达数百米的松散物质；海拔50米以下的在地貌上属平原区，其西北为上升盘，形成一组阶梯状断裂地形，逐级上升，依次形成丘陵、低山和中山。这些不同的地形

周口店地区地势图

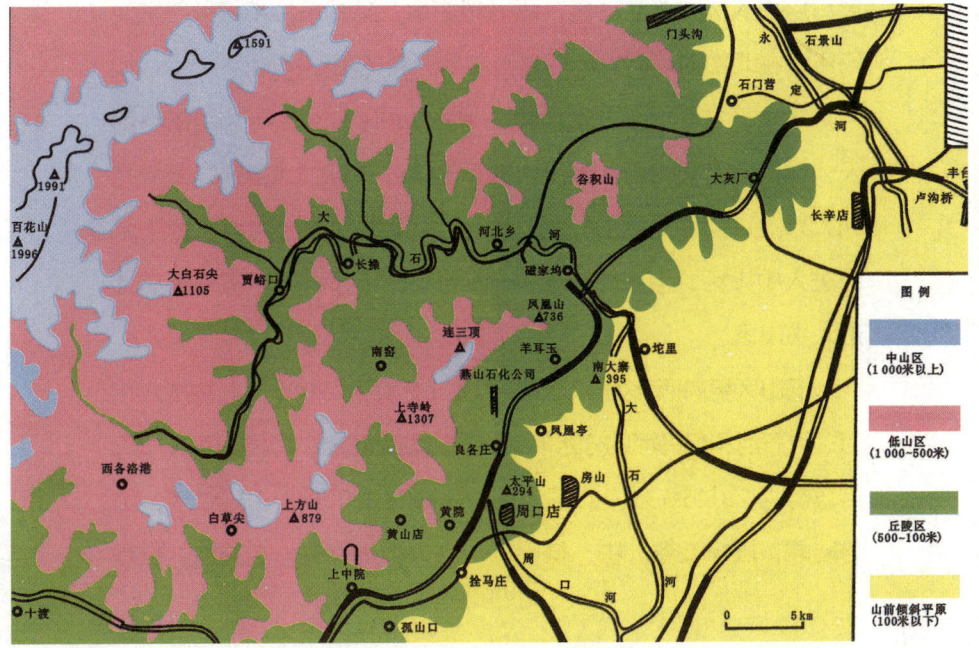

区是当时古人类的主要或较常去的活动区，对其生存有着重要的影响。

丘陵区海拔为 100～300 米，龙骨山旧石器时代遗址群和大多数哺乳动物化石地点分布在此区的前缘。龙骨山顶海拔为 175 米，房山花岗岩丘陵区海拔在 100 米左右。出太平山谷口后，还有黄元井、北尚乐、石亭等石灰岩丘陵区。在丘陵区的坡麓上，是一些海拔 70～100 米的波状起伏的基岩夷平面，其上堆积着红色黏土组成的风化壳。该夷平面由北东向南西倾斜，鱼岭（第 14 地点）和龙骨山等均处于这个夷平面上，在石灰岩溶洞中有地下河沉积。这个夷平面应是唐县夷平面。在黄元井、辛庄和北龙泉等地，受小西天—凤凰山北西向断裂活动的影响，该带处于断层的下盘，形成古山足夷平面，高度低于唐县期夷平面。此区是周口店古人类主要活动区，既是居住地，又是采集和狩猎的主要场所，在北部的花岗岩区还是石制品原料的重要产地。

低山区在丘陵区的西北面，海拔 300～1 000 米，在小西天—凤凰山断裂的西北侧呈大面积连续分布，如大寨顶，海拔为 947.2 米。在周口店附近，丘陵—低山区很狭窄，向西北 8 千米即进入中山区，但在张坊一带比较宽阔，向西北 20 多千米后才进入中山区。

低山区更向西北为中山区，海拔 1 000～2 000 米，构成永定河、大石河和拒马河的分水岭；最高峰为百花山，海拔 1 990.7 米，百草畔为 2 046.0 米。此区大多数山峰在 1 000～1 500 米，山势陡峻，层峰叠翠。中、低山区与古人类生存有一定关系，也是狩猎采集的场所，但森林型的猛兽亦居于其间，成为人类的天敌，给当时人生产活动的安全造成威胁，故此区在中国猿人生活中的重要性稍逊前类地区。

平原区在八宝山断裂的东南侧为北京平原，主要堆积着晚更新统的地层，应是中国猿人后的古人类的重要活动场所。

本区的地形与燕山运动密切相关。由于燕山山脉的上升，北京平原的沉降，山体曾有过两次大规模的夷平作用，均发生在第三纪，在第四纪山体未见有大幅度下降的痕迹。这样的地形控制着水系和地貌发育。今日所见周口店附近的河流，在中国猿人生活的时代已经存在，但由于八宝山、小西天和凤凰山等更新世和近期的新构造运动，使得水系重组和流向与今稍有不同。即使目前所见的平原，部分地区在更新世中期还是丘陵。依河流阶地的高度推测，中国猿人生活时期，山体的高度比现今可能要低数十米。

中国猿人在周口店地区生活时期，与古人类生存有密切关系的河流——周口河、长沟峪河、娄子水、大石河、拒马河和永定河均已存在。

周口河与周口店遗址的关系最密切。它曾流经"猿人洞"，沙砾等沉积物将原可能是漏斗形的洞穴填充展宽，为猿人进洞创造了条件。随着新的构造运动，地壳上升，水流冲刷，切开东边洞壁，洞中水被排出，洞地面变干，猿人才能进洞居住。周口河有三级阶地，第三级阶地由"下砾石层"组成，时代为早更新世—中更新世早期，此层砾石分布于太平山以南周口河出山口处。但在周口河未出山口前，未见此层砾石。周口河第二级阶地形成于中更新世晚期，在西庄和东厂等地可见到。

目前所见，长沟峪河的河谷直而且窄，但其上存在宽谷形态，并残留有老的沉积物，说明早期的周口河从长沟峪河流出，经太平山谷口流向平原。此外，在房山花岗岩区有河流发育，这可能是周口河上游的一支流。

娄子水是龙骨山西面最近的山前间歇性河流之一，可见三级洪积—冲积阶地，其形成的时代为早更新世—中更新世早期。此外，如大石河，至少有三级阶地和两级夷平面，沉积物保存完好的最高一级夷平面，在时代上与娄子水的高阶地相当。它在出山口后，在坨里一带只能见到第三级阶地，第二、一级阶地均已埋入平原中。

拒马河为一条典型的深切曲流，凹岸为陡壁，凸岸有发育良好的阶地，以四渡保存最好，第三级阶地形成于中更新世，第一、二级阶地形成于晚更新世。在拒马河口片上村发现一层强烈风化的砾石层，中夹红色砂层，时代可能是上新世，这或许可以说明，拒马河在唐县侵蚀期已经存在。永定河也可能形成于上新世，已是一条宽阔的山区河流。

与周口店古人类生活密切相关的河流——周口河和娄子水是在唐县期夷平面上发展起来的，换言之，在中国猿人生活在周口店以前，这些河流已经存在。

根据对周口店古地形，中更新世红色—棕红色黏土砾石层的分布、特征、厚度等的综合分析，可以大致恢复中国猿人生活时期附近地区山前地带古水系的轮廓。古大石河自坨里出山后向南流，至羊头岗，折向南东东，在大十三里店分成两叉，汇入本区东南部的一条古河道。古周口河过周口店，折向南东东，相继有古牛口峪河、古西沙河汇入，再在坨头的南面与古娄子水相汇，在琉璃河以东又与古圣水河相汇，而后复向东流，注入本区东南古河流中。依这些古水系复原，在中国猿人生存时期，周口店及其附近地区河流纵横，水源充沛，由此带来了有利于人类生存的自然环境——提供丰富的采集资源、良好的狩猎点和取之不尽的石制品原料地。这就是从中国猿人起古人类能在周口店地区长期生存的原因之一。

洞穴形成与地层堆积

周口店遗址处于北京西山北岭大向斜的西南翼。翼部是由奥陶系中统上马家沟组石灰岩形成的次一级背斜，背斜轴向北60°～70°东倾伏，倾伏角15°～25°；两翼基本对称，为一开阔的倾伏背斜，是北岭大向斜西南翼受局部挤压应力场作用所形成的北东向横褶皱，有利于岩溶作用，在岩体中发育成许多洞穴和裂隙。

周口店龙骨山一带的洞穴和裂隙主要发育于龙骨山——太平山次级倾伏背斜西北翼奥陶系马家沟组石灰岩的上部，地层总走向北西西，倾向北北东，倾角30°～40°，局部倾角为10°～20°或60°～70°。其层面有明显的波状起伏，在中国猿人遗址洞穴的南缘还发育有层间滑动所产生的更次一级的拖曳式的褶皱。

在龙骨山一带洞穴和裂隙发育区内，未见明显大的断裂带；但可见顺层面滑动过程中产生的一些小断层，其规模和错距都很小。在山顶洞西北方向的小路旁，有走向北东50°及北东东两条很小型的斜向断层，两盘地层产状明显的不一致。在第12地点有北西20°小型斜向断层，断层面近直立，局部可见斜向擦痕，擦痕侧倾角为60°左右，侧倾向东南，沿岩层走向不远，滑动面两侧未见明显的挤压破碎。在第2地点有一直立的断裂带，断面走向北30°～40°东，擦痕侧倾角为20°，侧倾向北东，为一扭性断裂，沿破碎带有明显的岩溶痕迹。

在周口店地区，从龙骨山到鱼岭（第14地点）为山麓丘陵区，系由中奥陶系上马家沟组深灰色中厚层石灰岩构成，中间夹有薄层石灰岩，有的已变质，成为大理岩。此种岩石在中国猿人洞附近也可以见到。这一带丘陵顶部为一级古地面，地形比较平缓，顶面海拔高度为150～180米。中国猿人遗址附近地区的岩溶发育受地质构造所控制，但与这级古地面的形成与发育关系甚大。在龙骨山一带，在节理密集处，由岩溶作用形成许多裂隙、洞穴、竖井和漏斗，特别是北10°～20°这一组尤为清楚，如中国猿人遗址的南、北裂隙和第4地点的裂隙就在这组上。此外，还有竖井式的溶洞，如周口店第12地点；漏斗状的裂隙在本区也有所发育，周口店第3地点即是其一。

在本区溶洞也不少，多数被各种类型的沉积物所填充，如中国猿人遗址、周口店第15地点和第4地点等，还有部分空洞藏于基岩之中，尚未暴露出来，也无法被古人类所利用。本区洞穴的形态和分布的特点说明，它深受地质构造，特别是受地层产状的影响，基本上是循着层面进行溶蚀发育而成的。洞穴的形态大体上有两种：垂直型和水平型。前者以猿人洞为代表，后者数第15地点的洞穴颇具典型性。

猿人洞是本区已知的、有人类活动的最大的洞穴。它位于龙骨山的东北坡，地势由南向北倾斜，斜向老牛沟。海拔高度由南裂隙顶端的128米，至东小洞处降至93米。为探明猿人洞堆积，

周口店遗址猿人洞鸽子堂

由最深发掘面往下挖一探井，达到海拔约 80 米的位置，但仍未见底。由此说明，猿人洞垂直深度已低于现在周口河的河床。

如上述，猿人洞发育于奥陶系中统上马家沟组石灰岩形成的次一级背斜中。背斜轴向北 60°～70° 东倾伏，倾伏角 15°～25°。本区受地质构造的影响，岩石破碎，透水性好，沿缝隙进行深蚀作用特别活跃。岩溶作用在倾斜的层理面和后生的裂缝的控制下，循着层面进一步发展，扩大通道，使若干小洞溶合成大的洞穴。这类洞穴与水平型洞穴不同，常常缺少完整而连续的洞顶。这从猿人洞岩溶过程所堆积的角砾岩中也能反映出来。由于石灰岩倾斜角度大，剪接节理发育，又兼夹薄层石灰岩，在洞壁附近还被溶蚀有许多小洞和小裂隙，在该洞的南、北壁上可见这类岩溶的遗迹。

根据洞穴发育理论，通过洞内外堆积物的对比，大体可以把猿人洞形成、堆积和被中国猿人利用的情况加以复原。如上述，猿人洞是在唐县期夷平面上发育成的洞穴，最初深埋于岩体中；随着古地面抬升，水循石灰岩陡倾的层面和断裂缝下渗，逐渐地向岩体的深处发展，形成垂直型的洞穴，深埋于龙骨山北坡的山体内，与洞外不连通，成为封闭型的溶洞。

继之，猿人洞在岩溶作用下不断地扩大，再因周口河持续的侧向侵蚀，破坏了洞的东壁，可能生成小洞口，位置大概在今东洞口附近。当时的周口河河床高出洞底，河水经东坡开口处流入，河流相的堆积被填入洞中，在洞底堆积起下面将要提到的猿人洞第 17 层至第 14 层的沉积物，从而使洞穴由单纯的岩溶作用的时期转向填充时期。此时东洞口和东坡开口可能都比较小，与洞外连通不那么宽敞；故当时的洞底仍然是凹凸不平的，洞内时有积水，古人类难以进洞生活，即便是野兽也无法在洞内生存。那个时期的沉积物不含动物化石和人类活动的遗存即是很好的证明。

在中更新世，仍受新构造运动的影响。趋于上升和下降的龙骨山一带，一方面是古地面的抬升，另一方面是周口河的下切，使猿人洞内的积水排入周口河。在这过程中同时发生堆积，填入砾石、黏土和石灰岩角砾，使洞的地面面积增大，变得相对的平整。最初，是动物进入洞内，留下成层的鬣狗粪层；继之，在距今60万年左右，中国猿人才进洞生活。但在相当长的一段时间里，曾发生过多次人兽争穴事件。

在龙骨山一带，属垂直型的洞穴还有一些，著名的山顶洞人遗址即是一例。它位于猿人洞西南的顶上，海拔175米。洞室不大，长宽约为13.5米×5.6米，靠北壁有一垂井式的洞（下窖）向下延伸与猿人洞相通。在山顶洞附近，北北东向剪切裂隙较发育，并有北西向剪切节理与其交叉，溶蚀作用可以沿这两组直立的裂隙交叉处向深处发展，但整个洞的形态仍受层理控制。

水平型的洞在龙骨山一带也较发育，有人类活动地点如第15地点和第4地点均属之。第15地点在猿人洞南约70米处。在1935年开始发掘时，洞顶基本崩坍，但尚可见少许残留的洞顶。洞内填满大大小小的石灰岩角砾，又兼发掘工作没有完全把洞内堆积揭露出来，故不仅洞顶形态难以复原，而且整个洞的形态亦暂不清楚。依附近的岩石产状和地貌部位，估计可能有一条北北东向剪切节理发育成的岩溶裂隙通过洞顶中部，使得洞顶处于不稳定状态。这可能是严重顶坍的根本原因。

第4地点的洞穴受北北东向剪切裂隙发育的影响，洞顶也遭到一定程度的破坏，但保存情况略好于第15地点，其北和东北部的洞顶保存较好。从第4地点整个洞穴形态看，它与基岩层面平缓的倾斜度（10°～20°）完全一致，是循层面溶蚀而成的水平型溶洞。第4地点保留洞顶部分为没有堆积的空洞，可能是当时泄水的通道；洞底波状起伏，有与第15地点相连的迹象。

周口店地区的地层，古老岩层在其西和西北有大面积出露，第四系的地层不仅出露广，研究也较深，与古人类生存关系亦甚密切。但第三系的地层出露甚少，古新统后上新统以前的地层几乎是空白。

构成周口店一带山区和丘陵的基岩有震旦系的石灰岩、页岩，寒武系的页岩和石灰岩，奥陶系的石灰岩。周口店古人类能有栖身之所与此层石灰岩关系密切。如上述，大量的洞穴和裂隙发育于马家沟组石灰岩中，石炭系的页岩、砂岩、角砾岩和煤层，如杨家沟煤系，二迭系砂岩，三迭系的砂岩、页岩，侏罗系的辉绿岩、砂岩、页岩、角砾岩、花岗岩和门头沟的煤层。花岗岩节理发育，晶粒粗，易风化，夹于其中的石英和水晶因花岗岩风化而裸露于地面，成为中国猿人和其后的古人类制造石制品的主要原料。其他岩石如砂岩和各种火成岩经风化和水流搬运而成砾石，也是中国猿人等生产石制品不可缺少的石料。

龙骨山的秘密

中国猿人遗址在周口店镇西约1千米处,在那里有两个东西并列的山丘。在东边的低山上,有一个很大的山洞,山洞里埋藏着丰富的哺乳动物化石。因在中药学中,这些化石被当作一味中药,叫"龙骨",故不知从什么时候起,人们把这座低山叫作"龙骨山"。其实埋藏龙骨的洞穴就是中国猿人文化遗址。

中国猿人探秘

中国猿人发现过程

1918年3月,时任北洋政府农矿部矿政顾问的地质学家瑞典人安特生(Andersson,J.)从友人处得知周口店产化石,专程去那里考察了两天,在鸡骨山(1929年编为周口店第6地点)的红土角砾堆积中采到了一些啮齿类和食肉类化石。1921年,安特生等人再次赴周口店采化石,在原化石点采标本时得到信息,此地点北有叫"龙骨山"的,那里有大的化石。于是安特生等人在村民的带领下,来到龙骨山,采到不少化石。他把这个地点编为第53号(1929年称第1地点,后来叫中国猿人遗址)。他在采化石中惊讶地发现,堆积中有不应在洞穴中出现的石英片,他已意识到这里有古人类活动,对同来者说:"这里有古人类,现在我们必须全力以赴地去寻找它!"于是决定留下他的助手奥地利古生物学家斯丹斯基(Zdansky,O.)进行采掘。

1921年和1923年,斯丹斯基对龙骨山地点做了两次采掘,采到丰富的化石。在1926年修理1923年发掘的标本时,找到1颗人牙化石,继之在1921年采得的化石中又发现1颗人牙化石。

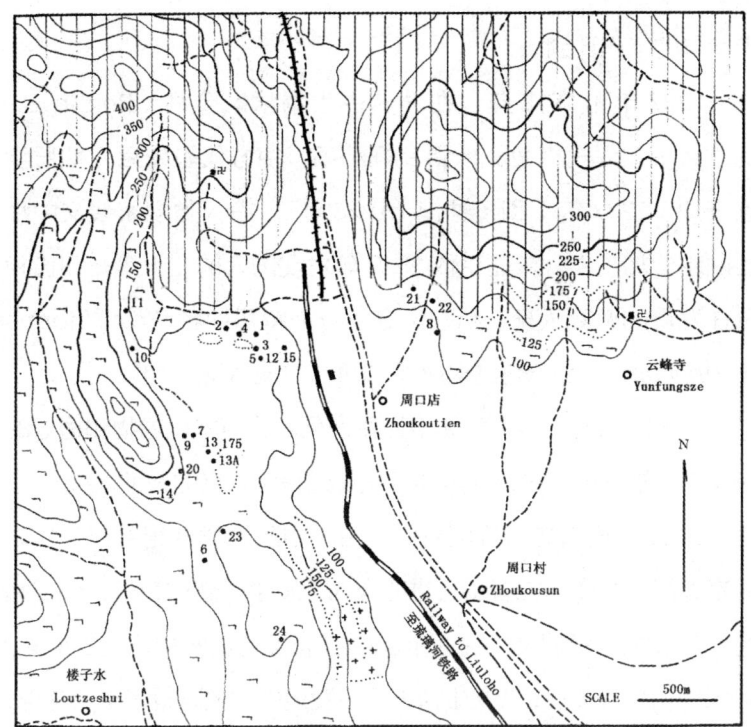

周口店地区古人类、旧石器时代文化遗址和哺乳动物化石地点的位置

消息传到北平，令时任协和医学院解剖科主任的加拿大人类学家步达生（Black, D.）兴奋不已，因为他相信人类起源于亚洲学说。这一可喜的发现于1926年10月17日在为欢迎瑞典皇太子而举办的学术报告会上予以公布，与会人士颇为振奋，美国古生物地质学家葛利普（Grabau, A.）给人牙化石的主人取了个通俗名称：北京人（Peking Man）。会后步达生与中国地质调查所所长翁文灏几经磋商，达成合作发掘周口店遗址的协议，发掘经费由美国洛克菲勒基金会资助，中国地质调查所出配套资金，共同拟定为

期两年的工作计划。

　　1927年和1928年，在瑞典古生物学家步林（Bonlin, B.）的主持下，大规模发掘取得良好结果，中方代表先后为地质学家李捷（1927年）和杨钟健（1928年）。古人类学家裴文中那时刚刚参加工作。步达生依1927年发现的人的左下第一臼齿和以往发现的两颗人牙，给它们定了一个新属种名 *Sinanthropus pekinensis*，考古学家李济把它首译成"支人北京种"。

　　这个时期的工作主要集中在找人化石，而文化遗物和遗迹的研究则重视不够，这是对该遗址认识过程所带来的教训。

　　1929年周口店遗址的研究，由于中国地质调查所新生代研究室顾问、合作研究者德日进的介入，发生了新的转机，他提醒周口店发掘主管裴文中注意堆积中有无文化遗物和遗迹的问题。1929年12月2日，裴文中从下洞中发现中国猿人第一个头盖骨，是古人类学史上的划时代事件；他从堆积中找到当时疑为用火证据的有色碎骨和鹿角，揭开了中国猿人文化研究的序幕。由此到1937年"七七事变"前，是周口店遗址研究的最辉煌的时期。

　　从考古情况看，绝大多数中国猿人化石都是在这个时期发现的。1936年，周口店发掘负责人贾兰坡在11月15日一天内发现两个猿人头盖骨，11月26日又找到一个。

　　文化研究取得突破性进展。用火遗迹随着材料的增加和研究工作之深入，所采标本经几次化学分析，证明所谓有色骨片和"黑土"均是被燃烧的物证，于是肯定了中国猿人懂得用火；石器在1930年有零星发现，次年大量地发现。在1931年公布了这两项研究成果，使中国猿人成为东北亚会制造石器的最早的古人类和当时世界上最早懂得用火的人。至此，周口店第1地点还其本来面目——中国猿人文化遗址。

中国猿人化石特点

在中国猿人遗址里发现的丰富的人类化石，按发现时间大体可分3个时段。第一时段：试掘时期（1921—1923年），试掘所得的人化石计3枚，即左下第一前臼齿、右上第二或第三臼齿及右下第二前臼齿。这3颗人牙现保存在瑞典乌布萨拉大学古生物研究所中。第二时段：系统发掘时期（1927—1937年），发现猿人化石最多，包括完整的或较完整的头骨5具，面骨6块，头骨碎片7块，下颌骨14具，牙齿147颗，股骨（残）7件，肱骨2件，锁骨和月骨各1件。第三时段：北平和平解放后（1949— ）出土的中国猿人化石，包括1949年从回填的堆积中发现的牙3颗；1951年找到的牙2颗，从碎骨中识别出猿人的肱骨和胫骨各1段；1959年发掘出土的保存较完整的下颌骨1具；1966年发

中国猿人复原像

现的头骨2块（同一个体）和牙齿1颗。第二时段所发现的中国猿人化石在珍珠港事变后，在几个美国人手中弄得下落不明；第三时段找到的猿人化石完好地保存在中国科学院古脊椎动物与古人类研究所的标本馆中。

在中国猿人遗址里先后进行了23年的发掘，共出土约40个个体的203件中国猿人化石。这些化石包括完整的和比较完整的头骨6具，头骨破片（含单独的面骨）12件，下颌骨15具，牙齿157颗（包括附连在上、下颌骨上的牙齿），胫骨1件，肱骨3件，锁骨和月骨各1件及股骨7件。

（1）中国猿人头骨。

将中国猿人的头骨与现代人的头骨加以对比，虽有许多相似之处，但还有很多不同之点，中国猿人的头骨保留若干接近现代大猿的原始特征。

人头骨的比较：中国猿人头骨的重要特点之一是头盖骨低平，

中国猿人头盖骨模型

前额较扁而后倾，颅骨顶部和底部之间在枕骨圆枕处形成明显的转折；而现代人头骨这个部分是呈圆弧形过渡的，没有枕骨圆枕，却在中部有一块突出的枕外隆突。在解剖学上，头骨后部装脑子的部分叫脑颅，前下部作为脸面基础的部分叫面颅。从侧面观，现代人的面颅与脑颅的相对大小与中国猿人的恰好相反。究其原因是，从猿人到现代人脑子是逐渐增大的，故脑颅也随之增大。此外，与食物也有关系，猿人食物粗糙，常生食，要求有很强的咀嚼能力，相应地面部骨骼也得强壮；现代人熟食，即使是多纤维的食物，经过烹饪或预先加工，也无需用力咀嚼，使得面部骨骼也在人类进化过程中变弱。

中国猿人头部骨骼另一重要特点是有发达的眉脊。在其左右眼眶的上方各有一条粗厚的眉脊，并相连成一条近一字形的横脊，此脊左右外侧端特别粗厚，中间相连处明显地下凹。在此脊的后方是额骨的鳞部，眉脊与额鳞之间有一条浅沟，叫眉脊上沟，这是猿人类型头骨上共有的特点。从猿到人的过程中眉脊是变弱的，现代大猿眉脊成一粗大的横脊，向前上方高高地凸起，中间相连处下凹不明显；古人阶段的人类眉脊也比较粗硕，但左右两条眉脊逐渐分离；现代人眉脊极弱，眉部收缩成两条不甚明显的和相对短的隆起，眉与额之间的眉脊上沟也完全或基本消失。

中国猿人有发育的矢状脊。矢状脊位于额骨鳞部中线向后延长至两块顶骨之间，在顶骨中部逐渐消失。由于它在顶骨之间特别隆起，使得此脊的两侧显得明显的下凹，形成旁矢状凹。矢状脊在现代澳大利亚人和爱斯基摩人中比较普遍，在华北的现代人

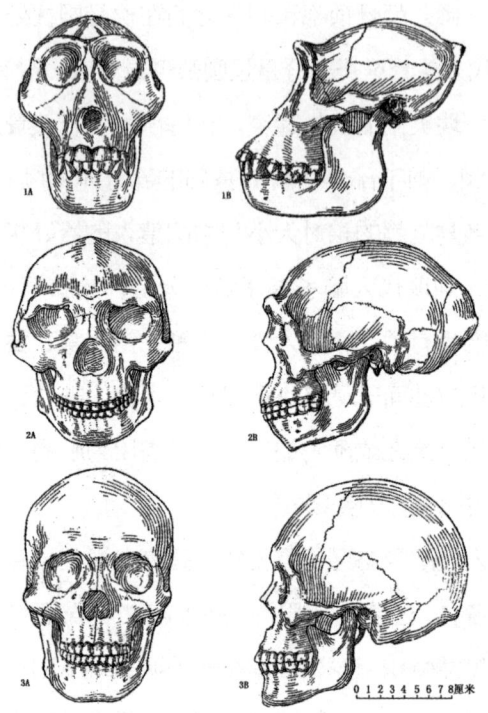

中国猿人（2A，2B）与大猩猩（1A，1B）和现代人头骨（3A，3B）的比较（依吴汝康和贾兰坡）

中出现率也比较高，这是魏敦瑞把中国猿人当作是现代华北人直系祖先的证据之一。

  中国猿人头骨最宽的位置在左右外耳门的近上方，向上则逐渐变窄，整体形态略似馒头状，前后长而左右短。类人猿头骨最宽部位比中国猿人略偏下，爪哇猿人与后者相仿，尼安德特人较猿人靠上，现代人则更高，脑颅在中部最宽，接近球形。这一特征表明，人类在从猿人到现代人的演化过程中，由于脑子不断地增大，促使脑颅愈来愈膨大。

中国猿人的头骨粗壮而且很厚，额、顶、枕和颞骨的平均厚度为 9.7 毫米，现代人平均厚度为 5.2 毫米。由此可见，中国猿人的颅骨几乎比现代人厚一倍，也表明人类颅骨壁在演化过程中是不断地变薄的。中国猿人虽有粗厚的颅骨，但颅骨气窦化的程度不高，尤其额窦很小，只限于眉间突起的部位，然而其上颌窦较发育。

中国猿人的颞骨比现代人小，呈三角形，顶缘长而平直，与类人猿和直立人的相近。其颞鳞（在耳的前方和上方）比现代人矮，前缘和上缘都大致呈直线，其间构成直角形转折。为了将各种人类的颞鳞进行对比，人类学家们将测量出的颞鳞高度作为分子，长度为分母，将算出的值乘 100 叫颞鳞长高指数，中国猿人的平均为 49.7，现代人的平均为 65.2，表明前者的颞鳞比后者要低得多。在颞鳞的下面可以看到外耳门，但现代人的此孔位于颅骨侧面上，而中国猿人此孔则向内侧深处缩进去。

在外耳门的下方有一个大的突起叫乳突，中国猿人的乳突比现代人小得多。乳突与鳞部之间的乳突上脊比现代人的粗大，鼓部（围着外耳道）比现代人厚得多。由乳突上脊向前延长是颧弓，并与乳突上脊呈 30° 角相交。中国猿人的颧骨很高，女性达 50 毫米，男性可达 65 毫米，而现代人的颧骨最高不超过 60 毫米，两者相差不大。中国猿人的颧骨面向前方，这一性质与现代蒙古人种相近。

中国猿人的腭骨较宽而作拱形，腭骨的下面与尼安德特人一样，都很粗糙，与现代人没有显著的不同，但与类人猿有明显的差别，后者腭骨下面很平滑。

中国猿人的鼻梁与黄种人相似，其梨状孔较短而宽。从侧面看，鼻梁比白种人显得扁塌，鼻子下面的嘴部比黄种人向前凸，却与澳大利亚土著居民和非洲黑人相似。中国猿人的齿槽前缘向前突出，表明他的嘴巴向前倾。现代人的齿槽前缘后缩，齿槽前缘与前额几乎是在同一垂直线上，而中国猿人的齿槽前缘则远超出这一垂直线，由此可知齿槽前缘向外突出是一种原始性状。

在周口店第 1 地点已发现 6 具完整的或较完整的头盖骨，其中 4 具有印加骨。印加骨是头骨上特殊的一块三角形骨片，位置在顶骨和枕骨之间，是枕骨上部与其主要部分分离的结果。这块小骨之所以叫印加骨，是因为在美洲古印第安人的印加帝国人的头骨上较常见，一般在现代人中不多见，但在我国发现的化石人类的头骨上出现率比较高，如见于丁村人和穿洞人（因发现于贵州普定穿洞而得名）等头骨上，被看作中国猿人与现代蒙古人种祖裔关系的证据之一。

依 6 具中国猿人头盖骨可以估算出中国猿人的脑量。依魏敦瑞估算，其中第 3 号头盖骨的脑量为 915 毫升（八九岁儿童），第 10 号和第 12 号的脑量分别为 1 225 毫升和 1 030 毫升（男性、成年），第 11 号的脑量为 1 015 毫升（女性、成年）。以上 4 具头盖骨均出自第 8 层至第 9 层，还有第 2 号头骨也出自此层（由于保存相当不完全，估计脑量为 1 030 毫升）。以上 4 具成年人头骨的平均脑量为 1 075 毫升，若将第 3 号儿童的脑量加进去，5 具头盖骨的平均脑量为 1 043 毫升。这是魏敦瑞最早估算的中国猿人的平均脑量。

1934年在第1地点发现的两块头骨和1966年同地发现的两块头骨,经拼对属同一个个体,即第5号头骨。经张银运等人的测估,该头骨脑量为1 140毫升(男性,成年,出自第3层)。如果不考虑性别、年龄和出土层位的差异,6具头骨的平均脑量应为1 059.17毫升。正如吴汝康等人(1985年)所指出,第3号头骨系少年个体。依魏敦瑞估计,其年龄为八九岁,未成年人脑子必然比成年人要小,不宜包括在成年人中计算脑量。依此,他们提出:5具成年人头骨的平均脑量为1 088毫升,脑量的变异范围为1 015毫升至1 225毫升。上述平均脑量比较符合实际,也与现有的整个人类进化过程中脑量变化资料相一致。

在整个人类进化过程中,脑量是逐渐增大的。据人类学家皮尔比姆(Pilbeam,1975)估计,在距今300万年至150万年间的人类,脑量比较稳定,平均为600毫升至800毫升。在距今100万年至70万年间,出现较大的脑量,平均达1 000毫升。大约在50万年前,人群的脑量达到现代智人的变异范围。中国猿人的平均脑量为1 088毫升,符合整个人类进化过程中脑子不断增大这一规律。

值得注意的是,属于男性第10号头骨的脑量为1 225毫升,它出自第8层至第9层;第5号头骨出自第3层,脑量为1 140毫升。以上事实似乎说明在中国猿人中存在脑量发展倒置现象。对此可以有几种考虑,其一,在人群中脑量有一定变异范围,如现代人脑量有很小的,也有特大的。有资料载,现代人脑量平均为 1 350 毫升，而其变异范围为 900 毫升至 2 100 毫升，因此可以把第 10 号作为特例来考虑，也未越出当时人脑量的变异范围。其二，若将该层发现的 4 具头骨的脑量加以平均，为 1 075 毫升，还是比 5 号头骨略少些，可能意味着在第 10 号头骨至第 5 号头骨相距的 30 万年间，中国猿人的脑子是慢慢变大的。

人脑的外面包裹着一层结实的硬膜，其中有脑膜中动脉的分支，这些分支在头骨内面压印出一条条细沟。从这些细沟可以看出，中国猿人，除 5 号头骨外，脑膜中动脉后支比前支粗且长，与现代类人猿相像，但与现代人则不同，现代人是前支大、后支小。

枕骨中部有一个大孔叫枕骨大孔，脑和脊髓在此相连。枕骨大孔以前的部分叫枕骨体，其后的部分叫枕骨鳞部，简称枕鳞，因其部分形状像鱼鳞而得名。枕鳞内面有一个十字形隆起，叫枕内隆凸。隆起上方的两边各有一个凹陷，与大脑两半球的后端相对应，所以叫作大脑窝。十字隆起的下方每侧各有一个小脑窝，中国猿人的小脑窝的面积大约相当于大脑窝的一半；现代人则相反，大脑窝的面积大约相当于小脑窝的一半。枕内隆凸的中心点叫枕内隆凸点，枕鳞外面、枕骨圆枕下缘附近的中线上有一个测量点叫枕外隆凸点。中国猿人的枕内隆凸点比枕外隆凸点低得多，在现代人的头骨上枕内外隆凸点基本上位于同一水平上。

从所发现的中国猿人化石看，男女两性差别明显。从头骨上看，男性的要比女性粗壮得多，肌嵴亦要发达得多；下颌骨上性别差异更加明显，男的下颌骨要比女的高得多且粗壮。可肯定的 4 具女性下颌骨，其下颌体在颏孔处的平均高度为 26.5 毫米。男性下颌骨化石至今只发现一具,此处的高度是 34 毫米。用下颌骨粗壮指数,依中国猿人下颌骨的研究,可判别性别。中国猿人男性下颌骨粗壮指数平均为 48.3,女性的平均指数为 58.5,其变异范围为 57.2 ~ 59.4。在从猿到人的进化过程中,两性差别有缩小的趋势。猿类头骨两性差别大,而现代人则差别要小得多,甚至有少数头骨很难判别性别,可能属于旧石器时代晚期的资阳人头骨就曾发生过对其性别判断的不同认识。

中国猿人下颌骨最大的特点是吻部前伸和多颏孔,也没有下颏。这些是他们保留的原始特征。下颌骨前伸程度可以用下颌前倾角来表示。由下齿槽前缘中点,沿着齿槽向后作水平线,然后再由下齿槽前缘中点至下颌下缘中点作一直线,两线相交所显示的角度叫下颌前倾角。其角度越小,前倾度越显著。在人类进化过程中,下颌前倾情况是不断向后退缩的。

由下颌枝角(以下颌骨下缘为水平线,而后再沿下颌枝后缘作一直线,两线相交所成的角度叫下颌枝角)的对比可看出中国猿人体质又一原始性状。中国猿人的下颌枝角的平均角度大于现代的黑猩猩,小于尼安德特人,后者的平均角度又小于现代人。中国猿人的下颌骨上没有下颏,下颏位于下颌骨底部的最前端,在现代人中则发育明显。但在中国猿人的下颌骨上也可以看到一些进步性质,如有明显发育的颏三角,这一结构与现代人接近。

中国猿人下颌骨的每侧都有不只一个的颏孔,有 2 ~ 5 个不等,多颏孔也见于蓝田猿人下颌骨上,是从古猿祖先遗留下来的原始特征。中国猿人颏孔最多的是出自 G 地的成年男子的下颌骨,有 5 个，孔的大小相仿，分布于 10 平方毫米的面积内；颏孔数量最少的也是出自 G 地的成年女性的下颌骨，只有 2 个。据人类学家统计，任何种族的现代人，没有 4 个或 5 个颏孔的，有 3 个的只占 0.19%，2 个的占 4.3%。日本人有 3 个颏孔的占比例稍高，为 0.73%，双颏孔的比例略低，占 3.7%。此外，在化石人类中多颏孔的较常见，除已提到的蓝田猿人外，还有海德堡人和尼安德特人。

齿槽前缘与下颏之间的部分向后收缩，叫下颌前内曲，这是现代人的重要标志，而在类人猿和中国猿人的下颌骨上是没有的；但在 H 地发现的成年女性下颌骨上有微向内凹的情况，可能是下颌前内曲萌芽的征迹，在尼安德特人中则有迹可循。这表明下颌前内曲是在早期人类演化过程中萌芽和逐渐发展的。它的产生与牙齿退化有关，它的深浅与齿根长短密不可分。

中国猿人的门齿根特别长大，所占的位置比现代人的要靠下得多，故不可能发育成下颌前内曲。中国猿人下颌骨的内面与现代人的接近，在其上无明显的、类人猿所具有的"舌状凹"（在下颌骨内面前端中部稍下处有一个向前凹的面），但却发育着现代人所具有的颏棘。在中国猿人下颌骨上可见下颌圆枕，它的位置在犬齿和第二臼齿之间，呈若干瘤状凸起。下颌圆枕在蒙古人种中，以爱斯基摩人、中国人和日本人等最为显著。它在中国猿人下颌骨上存在，可看作蒙古人种若干性状形成较早的证据之一。

中国猿人的下颌弓（左右下颌体相连成一体者）虽比现代人窄长，但已不是类人猿呈"U"字形，而是前部呈弧形弯曲，两侧向外扩展，较之海德堡人或尼安德特人则又显得有些原始。

（2）中国猿人牙齿。

中国猿人牙齿共发现157颗，其中有单个牙齿73颗，其余的均附连于上、下颌骨上。其中有乳齿13颗，均为下颌齿；恒齿144颗，其中上颌齿56颗，下颌齿88颗。依魏敦瑞对147颗牙齿的统计，男女各半，其中成年人20人，幼年人12人。中华人民共和国成立后发现的7颗牙齿，其中女性的4颗，男性的3颗；老年个体的6颗，成年个体的1颗。第一时段发现的3颗牙齿性别不详，其中成年的2颗，少年的1颗。总的来看，个体数可能在40个左右，两性在数量上差别不大。依现能统计的数字，男性为19人，女性为20人，其中绝大多数是成年人，幼、少年人可能是13人。中国猿人牙齿无论是齿冠还是齿根，比现代人要粗硕得多。

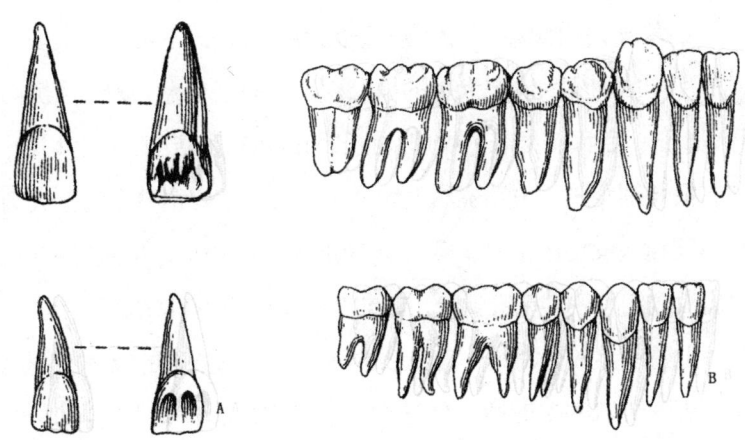

中国猿人上内侧门齿和齿列与现代人的比较（依吴新智）

（1）恒齿。

上门齿：分内侧门齿和外侧门齿。内侧门齿齿冠粗大，齿根长而壮，其唇面呈弧形匀称地外凸，中高侧低；其舌面两侧缘增厚且向内卷，中间凹陷，其形若铲，故称铲形门齿。齿冠的基部有显著的凸起，叫底结节。由底结节处发育成多条指状凸，延至中央凹处消失，发育的底结节和指状凸构成猿人与现代人间的明显区别。尼安德特人的则介于两者之间。铲形门齿在中国各阶段的人类化石中均可见到，最早见于距今170万年的元谋猿人，此后在蓝田猿人、金牛山人、丁村人及晚期智人的内侧门齿化石上均可见到，是中国境内古人类以区域连续进化为主的重要证据之一。铲形门齿在蒙古人种中的出现率较欧罗巴人种高，因此也是蒙古人种某些性状形成的悠久历史的证据。中国猿人的上外侧门齿比内侧的要小，齿冠高而窄，舌面侧厚中凹，底结节不甚发育，比较接近现代人。

上犬齿：中国猿人上犬齿与下犬齿有明显的不同，不像现代人的那样区别不大。上犬齿的齿冠和齿根均甚粗大，齿冠由侧面看呈楔形，舌面有复杂的纹理，底结节发育有指状凸，齿尖极锐。其齿根特别发达，末端骤然收缩成一钝尖。尼安德特人的上犬齿比中国猿人女性的要小。现代人的上犬齿比较小，齿冠虽高窄，但齿根较细，根尖呈锥尖状，底结节和指状凸也不甚发育。

上前臼齿：分为第一和第二前臼齿。中国猿人的第一前臼齿较粗大，齿冠的嚼面被一条纵沟分成两个齿尖，颊尖比舌尖大，两尖之间有多条沟纹；齿根较短，但很宽，在接近远端处分叉。

这与现代人的明显的不同。现代人的第一前臼齿较小，嚼面较光滑，少纹理，齿根在尖部分叉但根细而短。尼安德特人的第一前臼齿，除其嚼面形状与中国猿人相似外，其余的均似现代人。类人猿的第二前臼齿的嚼面形态和根尖分叉的情况与中国猿人的相似，但其牙齿更硕壮，齿尖也更高凸。中国猿人的第二前臼齿稍小于第一前臼齿，齿冠基部较肿厚，根也较粗。现代人的第二前臼齿远较中国猿人小，齿冠基部不肿厚，嚼面构造简单，几无纹沟，齿根细而逐渐收缩成尖。尼安德特人的第二前臼齿介于上述两者之间，嚼面沟纹较现代人深，但有消失的趋势。

上臼齿：中国猿人上臼齿粗大，嚼面纹理复杂。嚼面构造的特点是其中部有一条深沟，将其分成前后两半，各齿尖间有复杂的纹理。从牙齿大小和嚼面构造等方面看，猿人—古人—智人的臼齿从粗到细、纹理从繁趋简的发展趋势大体清楚。

下门齿：中国猿人下门齿齿冠较低，舌面凹，底结节较凸而光。

下犬齿：中国猿人下犬齿的齿冠和齿根相当粗大。由侧面看，齿冠略呈楔状，齿锋较尖，齿尖结有小瘤，唇面隆凸，舌面凹，构造复杂，齿冠基部不甚肿厚，齿根粗长。现代人与之相比则有显著的不同，下犬齿细小，齿冠高而窄，基部不甚肿厚，颊面简单，几成平面，只有舌面略凹。

下前臼齿：中国猿人下前臼齿粗大，嚼面有颊、舌两尖，颊尖高于舌尖，中间凹，有复杂的沟纹，齿冠颊面的基部隆肿，与现代人有明显的不同。后者牙甚小，嚼面光滑，构造简单。

下臼齿：中国猿人下臼齿齿冠硕大，较现代人的长、宽和稍高，其高度与长度和宽度相比，则相对的低矮，齿带发育是其重要特征。其嚼面沟纹复杂，有的有 5 个齿尖，甚至有 6 个的，彼此有脊相连，嚼面的中部凹入成一长圆形的槽。齿根粗壮，分前后两支，前支短而圆，末端分叉；后支较直，末端呈钝尖状。

（2）乳齿。

乳齿有 13 颗，均附连于下颌骨上，其中 3 颗属大型的，可能属于男性，其余的略小，属女性。中国猿人的乳齿具有许多原始性，乳门齿的齿冠相当高大，齿根也粗，由侧面看呈尖塔形。第一乳臼齿长而窄，有发育的齿带，形若恒臼齿。第二乳臼齿近于恒齿，齿带发育，齿根分支高。中国猿人带乳齿的下颌骨可见齿隙，却在犬齿前后均有空隙，其前面的齿隙要比后面的小，此特征与类人猿者不同，后者正相反，前面的大于后面的。

通过对中国猿人牙齿的扼要介绍，可以看到其上保留若干的原始性，如齿牙比较粗大，嚼面沟纹复杂，齿带发育，以及齿根粗壮等。这些特点与现代的大猿相似，而与尼安德特人及其后的化石智人有明显不同，从中可追索到从猿到猿人经尼安德特人到现代人的发展过程。牙齿的进化向着变细、嚼面的尖和沟纹都向着简单化方向发展，齿根沿着变纤弱方向发展。究其原因是，一方面与进化过程人的祖先性状逐步消失有关，另一方面与熟食量的增加和粗食物经细加工后再进食有关。由于进食条件的改善，牙齿强有力的切割功能和研磨功能也随着时间的推移而趋向弱化，进入历史时期臼齿的研磨功能因精细食物的不断增加而逐渐趋弱，甚至使得第三臼齿的萌出率比化石人类有明显减少。

（3）中国猿人肢骨。

在周口店第 1 地点发现的中国猿人肢骨不多，且基本上是残破的；其中包括锁骨 1 件、肱骨 3 件、月骨 1 件、股骨 7 件和胫骨 1 件。中国猿人的肢骨无论从数量上，还是从完整的程度上都无法与头部材料相匹，研究深度亦稍逊一筹；但通过对这些材料的研究，我们对中国猿人肢骨形态特征有了概略的了解，从中还发现了一些有意义的问题。

锁骨：1 件，属左侧，两端稍残缺，残长 102 毫米。这件标本粗大，肌腱的附着面清楚，和现代人没有明显的区别。依其长度，大体与现代华北男性的平均长度相近。

肱骨：3 件，均属成年人，抗战前发现的 2 件属男性，中华人民共和国成立后发现的 1 件未做性别鉴定。全部肱骨均残破，保存最好的 1 件发现于 D 地，残长 187 毫米，保存了肱骨体的大部，经魏敦瑞研究，估测其全长可达 310 毫米。中国猿人的肱骨有骨壁厚与髓腔小的特点，肱骨髓腔最窄处仅占肱骨体的横断面直径的 22%，而现代人则占 50%；向上髓腔增大，其直径占肱骨体直径的 64%，但仍较现代人小，现代人的则占 71%。除此之外，中国猿人的肱骨与现代人的无明显差别，从其上还可看到明显的桡神经沟和粗大的三角肌粗隆，类似情况也见于甘肃新石器时代遗址发现的人的肱骨上，甚至发育更明显。

月骨：1 件，右侧，属成年男性，保存大体完好，表面略见腐蚀痕迹。它与现代中国人的月骨相比，无论是大小还是形态都没有明显的差异。

股骨：7件，均属成年人，其中6件属男性，1件为女性。保存最好的1件为4号股骨，出自M地，长312毫米，几乎完好地保存了股骨体，其上端缺失股骨头和大、小粗隆；下端局部断残，但上膝盖窝的痕迹尚可见到。这件股骨虽其表面有部分剥蚀，但它的特点依然清晰可见，经魏敦瑞复原，估算其长度为407毫米。

中国猿人的股骨已基本上具有现代人的形态，在大小、形状、比例和肌腱附着点等方面都与现代人相似，但它仍保留若干的原始性质。如股骨体上半的内侧缘显著隆起，在黑猩猩中有类似结构，股骨体最向前弯曲部分，在股骨体的中部以下周径最小的地方，股骨上端的粗隆间线不存在，属猿的性质，股骨体的前后方向扁平也与猿的接近。中国猿人股骨最重要的特点是骨壁很厚，髓腔占股骨体的最小径的1/3，现代人则为1/2，海绵骨质也远比现代人致密。

胫骨：1件，仅存胫骨体左中下部一段，残长79毫米，其最大特点是髓腔小而骨壁很厚。与现代人胫骨相比，其前缘远不如现代人的锐，横切面显得圆钝。中国猿人胫骨与现代大猿的相比也有明显的不同，前者横切面呈圆钝的三棱形，后者则为圆形。

化石人类的身高，主要是根据四肢骨的长度推算。关于中国猿人的身高，也要依靠其肢骨来推算。如上述中国猿人的肢骨发现很少，只有7件股骨和3件肱骨，大都很破碎，难以准确复原，只有上述4号股骨保存较好。魏敦瑞进行了这根股骨复原，估测其全长为407毫米，并依此推算出中国猿人男性身高为156厘米，女性为 144 厘米。依目前古人类学的资料，人类在进化过程中，身高也是逐渐增加的。据皮尔比姆估计，在距今 300 万年至 200 万年间，人类的身高是 135～157.5 厘米；在距今 100 万年至 50 万年间，身高平均为 152.5～167.5 厘米或更高。因此吴汝康等人（1987 年）提出质疑，认为生活于距今 50 万年至 20 万年间的中国猿人，"魏敦瑞推算的身高明显地偏低"。他们认为，身高与脑量也有一定关系。身材高大的人比矮小者具有较大的脑量。中国猿人的脑量与整个人类进化过程中的脑量大小是基本一致的，由此也说明魏敦瑞根据 4 号股骨所推算出来的中国猿人的身高明显偏低。基于目前中国猿人化石肢骨的现状，他们认为，对中国猿人身高的研究，"有待发现新的肢骨材料后重新推算"。

关于中国猿人的年龄，人类学家们根据所发现的中国猿人各块化石形态状况，来判断其大致死亡年龄。魏敦瑞统计了 38 个个体的中国猿人的死亡年龄，其中有 16 人死亡年龄难定，占 42.1%。以其余的 22 人为研究对象，死于 15 岁以下的有 15 人，

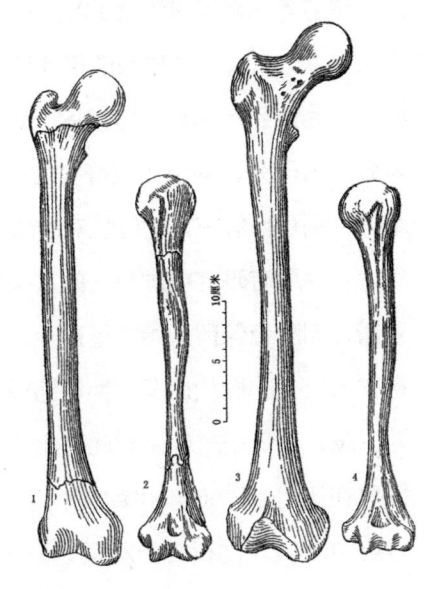

中国猿人与现代人肢骨的比较（依吴汝康、贾兰坡）

占 68.2%；死于 15 岁至 30 岁的 3 人，占 13.6%；死于 40 岁至 50 岁的也是 3 人，占 13.6%；死于 50 岁以上的仅 1 人，占 4.5%。由此观之，中国猿人的平均寿命是很短的。上述年龄可能不能反映中国猿人的平均寿命，从牙齿的年龄判断或许可以得到一点启示。依魏敦瑞对 147 颗人牙的统计，所属个体为成年人的有 20 人，幼年的有 12 人。中华人民共和国成立后发现的 7 颗牙齿，其中 6 颗是老年个体，另 1 颗属成年个体；试掘所得 3 颗牙齿，2 颗属于成年人，另 1 颗属未成熟的成年人。尽管牙齿的脱落（这里指单个牙齿）既可生前脱落，也可死后脱落，依此估计年龄只会偏年轻，不会偏老。如果大体按 42 个个体计算，成年人有 29 人，幼、少（或青年）年可能有 13 人，前者占 69%，后者占 31%，成年人占到 2/3，故中国猿人的平均死亡年龄比魏敦瑞的估计要长一些。究竟能到什么样的年龄段，则有待人类学家对中国猿人化石再做深入研究，得出比较符实之论。这并不排斥其生存斗争的艰难，特别是自然灾害的侵扰对中国猿人寿命的影响。

几乎所有研究中国猿人的人类学家都认识到其体质发展的不平衡，即肱骨保留原始特征最少，其次是股骨，以头骨上保留的直立人祖先的性状最多。换句话说，中国猿人上肢最进步，次之为下肢，头骨居末位。对此现象，我国著名的人类学家吴汝康教授早在 20 世纪 50 年代就发表了对这一现象的解释。他在《周口店中国猿人化石的新发现》一文中指出："这是由于劳动，由于手的劳作，使上肢与下肢发生分化，肢骨的分化紧随其后是脑和脑颅的发展。这些研究成果进一步证明恩格斯从猿到人的转变过程中的理论，也为劳动创造人自身这一真理提供实证。"对此，吴汝康后来（1962年）做了进一步的阐述："最初由于劳动，由于制造工具，上肢最早向现代人方向发展。由于手的使用而使手足发生分化，脑以及脑外壳的头骨，是因为手的劳动，四肢的分化，而随着发展起来的，因此北京猿人头部的许多结构还保留着原始的性质。"

人们对中国猿人头像曾做过3次复原。第一次是魏敦瑞与艺术家斯万夫人合作复原的女像，是依据L地发现的第2号头骨、上颌骨和H地发现的下颌骨先拼凑复原成一个完整的头骨，然后在头骨上加上皮肉、毛发。他们考虑到原始人应有较厚的皮肉，使用了美拉尼西亚人面部组织测量的数据，并做了适当的增加，经复原雕塑成胸像。第二次是苏联人类学家格拉西莫夫复原的男、女胸像。他依据D地发现的残破的头骨复原，所依据材料不够充实。第三次是我国人类学家吴汝康、吴新智和王存义重新雕塑的女像。他们以魏敦瑞复原的颅骨为基础，以人体解剖学家所做的一部分中国人的头部和面部软组织厚度测量统计数字为依据，再依化石上肌脊的情况，在加皮肉时，做必要的增加，进而塑成胸像。第三次中国猿人复原的头像可能更接近实际。

从以上对中国猿人化石的记述可推断，他们有基本上与现代人相同的身体，并有一颗略带猿的头颅。从其肱骨和股骨的比例关系等方面看，中国猿人能直立行走，走路时上身可能有些前倾。著名人类学家吴新智（1999年）对中国猿人有几句精彩的科幻性的描述："如果他（指中国猿人）能活到今天，给他穿上衣服，戴上帽子，混在人群之中很难被认出来。但是脱去他的帽子，摘掉口罩，马上便显出了猿人的本相。"

丰富的中国猿人化石的研究，为研究其与蒙古人种的关系，为古人类地区连续进化为主的理论，为对蒙古人种若干性状起源的历史悠久性问题的探讨，提供了有说服力的化石证据。正如魏敦瑞曾指出的，有一系列特征表明，中国猿人和现代华北人在形态上有连续性，如头骨正中存在矢状脊和旁矢状凹，有印加骨、颧骨的颧面且额蝶凸的方向明显朝前，圆形的眶上缘，上颌骨与外耳门出现骨质增生，下颌骨出现下颌圆枕，鼻额缝和额颌缝的水平走向，上门齿尤其是内侧门齿呈铲形，股骨前后方向极为扁平，以及肱骨的三角粗隆非常粗壮等。这些特征也见于中华人民共和国成立后在中国发现的不同阶段的人类化石上和新石器时代人类头骨上。最近，中国古人类学家还补充了一些新证据，如阔鼻一直保存到新石器时代，扁平的面部，较直的鼻骨，上颌骨颧凸与颧骨交接处形成显著的转折等，丰富了我国人类学家提出的在中国广袤的土地上，古人类以地区连续进化为主，以与邻近地区基因交流为辅的看法，而这一理论提出的基石应是中国猿人化石的发现和研究。上述这些特征在现代蒙古人种中保存着，说明现代蒙古人种的若干重要特征的形成有着悠久的历史，也表明中国猿人与现代蒙古人种关系比较密切，而与其他人种的关系则要疏淡一些。

生活遗迹

中国猿人遗址洞穴堆积层厚 40 多米,根据对所发现的石器、用火遗迹等方面的研究,考古学家们认为中国猿人的食物主要来源于狩猎和采集。中国猿人已经懂得用火和吃熟食,用火主要取于自然,知道保护火种,火的使用完备了人的特征。中国猿人的发现,为中国古人类及其文化的研究奠定了基础。

(1)用火遗迹。

用火遗迹的研究,在周口店第 1 地点试掘时期和系统发掘的第一个两年是被忽视的。1929 年,裴文中在德日进的启迪下,开始文化遗物的研究,并且是从用火研究开始的,因为在发掘中时不时地发现"有色骨片和碎鹿角",如后来步达生(1931 年)报告中所说的,"把这些疑为用火遗迹的标本单独收集起来存放在小屋中"。用火遗迹研究史是曲折的,工作才起步,不知什么原因,步达生在发表中国猿人第一头盖骨研究简报时,特别说了下列的一段话:"检查了数千立方米的堆积,既未发现任何性质的石器,也未发现任何的用火遗迹"。由此可见,他对裴文中的工作并不支持。

1929 年采集的"有色骨片和碎鹿角",德日进疑其为用火遗迹,于 1930 年末带了几件标本回法国,首先示于步日耶。这位当时世界旧石器考古学权威从宏观上肯定是燃烧物,再经化学分析,证明它们不是铁锰等有色金属污染所至,而是燃烧的结果。1931 年再次对"黑土"做化学分析,得出了与上一次分析一样的结论。

1931年，人们在发掘鸽子堂的过程中，不仅在QⅠ层中发现了紫荆木炭，而且在QⅡ层中发现了灰烬（当时叫"黑土"）和烧骨等，它们不是广布于整个层面，而是局限于一定的地区，有用火遗迹的地面土色变成砖红而且变硬。这使裴文中认识到当时人用火是有一定控制的，从而更使人们相信，从堆积中发掘出来的因燃烧而变色的碎骨、灰烬和木炭是中国猿人用火的可靠证据。这一研究成果表明，人类用火不是此前认为的始于旧石器时代中期，而是在旧石器时代早期人类就已懂得用火，从而把人类用火的历史提前了几十万年。

在中国猿人遗址里经多年的发掘，在用火遗迹方面积累了丰富的资料：已发现火堆遗存3处，其一是在鸽子堂石英Ⅱ层中，另两处在鸽子堂西侧第3层底部的大石灰岩块上。已发现的灰烬层有4层，一是第10层底部，灰烬层较薄，据贾兰坡记载，仅有几十厘米。二是第8~9层，其中夹有若干薄的灰烬层，各灰烬层的厚度不详，故把它算作一层。三是第4层，被称为大灰烬层。据贾兰坡记载，第4层的灰烬层最厚处约6米，德日进和杨钟健发表的剖面（1929年），称该层是"颗粒非常细的堆积层，系红土和各色（黄、淡红、棕和灰色）土所组成，成薄层状，且相互叠压，厚7.25米；《中国原人史要》中称第4层为上灰烬层（文化带甲），系由红、黄和黑色的，呈薄层状、松软的砂质土组成的厚层（步林数出100多个薄层）。黑色薄层系由含炭的灰烬所组成，黄、红色土是受热的结果。厚5.5米"。从这些记述中应说明一点，此层不是普遍都是灰烬，中夹有砂土，不同部位的厚度也略有不同。

20世纪30年代及其后在中国猿人遗址的多年发掘中，除上述已提到的用火遗存和遗迹外，还有其他多种燃烧物，有无法计数的灰烬，少量的木炭，大量的烧骨和烧过的朴树子，甚至还有少量的烧石和个别的石器也被烧灼过。

烧骨数量很多，数以万计，常见的是长度为5～10厘米的碎骨片，多数是哺乳动物的肢骨，也有少量的肋骨，还有头骨片和下颌骨，有1件肿骨鹿的下颌骨被烧透，虽形存，但实际上已被烧成氧化钙。烧骨的颜色很丰富，有黑、蓝、白、灰、棕黑色和灰绿色。不同颜色的烧骨主要反映燃烧程度的不同。被烧过的朴树子原新鲜树子的外皮已不见，硬壳和果肉被烧成灰白色，但仍可看出球形，直径多在2～3毫米。

烧石多是砂岩砾石，其表面布满龟裂纹，有些可见斑驳的痕迹，少许石灰岩块被烧后成有"核"的石灰，也有被烧成石灰的。这些烧石很可能是控制火堆的材料。在已发现的中国猿人石器中，有几件遗有烧灼的痕迹，如P.2500号标本，是用厚石片做的单边直刃砍砸器，其器身因烧灼而留下龟裂纹和斑驳痕迹，颜色发灰白，应是古人类在火旁活动不慎所至。它虽不是如薪的燃烧物，但其上的痕迹，无疑为中国猿人用火提供了旁证。

由中国猿人用火遗迹可以看到，中国猿人升篝火的燃料是多种多样的。由灰烬丰厚，木炭罕见等可知，草本植物和灌木枝叶是其主要燃料；依孢粉分析，中国猿人生活时期龙骨山及其附近有丰富的灌木丛和广阔的草原，可提供丰富的燃料。木炭少并不意味着乔木枝干不常用作燃料，因为基本上在无遮盖状况下烧火，很容易被充分氧化而成灰，目前已有的直接证据只有烧过的朴树子和紫荆炭块。多脂的动物骨骼也是常用的燃料，烤肉食的同时，将兽骨作薪，继续为人类所用。

中国猿人丰富的用火遗迹使我们对其用火有了较深的了解，大体有以下几点认识：

①中国猿人不仅懂得用火，而且有较强的控制火的能力，火堆遗存的发现是很好的证明。能控制火，是中国猿人用火为自己生存斗争服务的前提，从灰烬层有增厚的趋势看，表明中国猿人控制火的能力不断地增强，保存火种的能力也在持续地提高。这是长期用火的保证。

②从中国猿人遗址发现用火遗迹看，没有发现取火的直接证据。依其所处的人类发展阶段和用火历史考虑，当时人还不具备人工取火的能力，合理的推测是，引自然火种在洞口和洞中升篝火，细心地保存火种；可能是用阴燃法予以保存，以备需要时再升火，以达到长期用火的目的。

③中国猿人遗址从下而上的地层中发现的用火遗迹不甚连贯，可能反映用火有中断的情况。由于保存火种艰难，引自然火种不易，中国猿人遗址无完整的洞顶和多裂隙，显然不是最适宜长期用火的场所，故用火有中断现象，似乎是很自然的事。

④中国猿人用火意义重大——利用这种自然力为自己的生存斗争服务，成为与自然斗争强有力的武器。在洞口或洞内升篝火，能拒天敌（虎、豹等猛兽）于居穴之外，起到了良好的防卫作用；

用火可烤食物，使人得以熟食，便于消化，有利于人类体质的增强，促进人类的进化。此外，火还有照明和防寒等作用。地处北纬40°附近的龙骨山，冬季严寒，有了火可取暖，成为过冬的有力工具。

⑤中国猿人遗址发现用火遗迹，把人类用火的历史提前到四五十万年前，成为史前学中划时代的事件。

（2）骨制品和角制品。

打击的骨、角制品是中国猿人文化的组成部分。特别是打击骨器，是石器的补充，体现了当时人已充分利用各种材料为自己生产、生活服务。最先从中国猿人遗址出土的碎骨和破碎的鹿角中识别出存在骨、角制品的是步日耶教授。他在专著《周口店的骨、角工业》（以下简称专著）的序言有这样一段记述："1930年末，德日进到巴黎看望我（德日进带去一些当时疑为用火遗迹的有色的碎骨和鹿角请步日耶鉴定），我一眼就看出那件鹿角基部曾被火烧过，并用石器打击成工具。1931年秋，我应邀访华，考察了周口店遗址和观察了地质调查所新生代研究室所采的石质标本……此外，我还注意到碎骨中有大量的骨器，其中既有像石器一样被修整过的碎骨，也有将鹿角、牛角和下颌骨修理成一定式样的器具。"步日耶于1934年再次来华，研究周口店第1地点的石制品和骨、角制品，对于后者的研究成果，撰成专著于1939年发表在中国古生物志新丁种第6号上。在20世纪80年代，我国研究人员对打击的骨制品和骨器做了一些打击试验和比较研究，在此基础上，对手边出自中国猿人遗址的500件碎骨进行观察、分类，所得的研究成果发表于《中国远古人类》一书中。本节主要依据上述两项研究，简要地报道中国猿人在这方面的生产行为。

这里所说的骨、角制品与打击骨器在 20 世纪 80 年代以前是不分的。随着研究的深入，特别是随着打击骨骼的试验工作的积累，才加以区分。哺乳动物骨骼经各种自然力或人力而致碎，可形成一定的裂面，这样的骨骼就叫碎骨。它既可以是片状的，也可以是管状的。若碎骨裂面再出现几个疤，在原地埋藏条件下，自然力难以达到，故可视为人工再打击的痕迹。这些裂面上多疤的碎骨，疤若是零散的，彼此不相连的，称其为骨制品；疤若是相连的、彼此局部叠压的，甚至是多层叠压的，这样的标本就叫它为打击骨器。角制品的研究目前比较薄弱，还难以从角制品中分出打击角器。

如上述，这里编写的资料主要来自步日耶的专著和《中国远古人类》这两项研究。步日耶的专著共用了 26 个图版计 295 件骨、角制品的照片。其中包括鹿类头骨 12 件、角 58 件、上颌骨 2 件、下颌骨 4 件，转角羚羊角 2 件，羚羊角和野牛角各 1 件，鬣狗下颌骨 6 件、上颌骨 1 件，猪上、下颌骨和犬齿各 3 件，象牙片 4 件，带关节的管状者 54 件，不带关节片状者 134 件，还有带有打击痕迹的脊椎骨等 7 件。由于这些标本在抗战初运往南京展览途中遗失，目前判断其性质是依发表的照片。除少数人工痕迹难辨者外，绝大多数（90% 以上）人工痕迹清楚，可以认为是骨制品。依以上定义经严格辨识，从中选出 35 件归打击骨器，还有 3 件像雕刻器打法的标本。《中国远古人类》（P.105—107）记述了骨制品 27 件，是从约 500 件碎骨中挑选出来的。在这些骨制品中，被看作是打击骨器的为 16 件。以下对骨制品和打击骨器做简要的分类记述。

①骨制品。

骨制品因其上痕迹的不同，可分为若干型。在这里，打骨片后留下的骨核及所生产的骨片也归于本类中；从功能上看，它们有别其他类骨制品。对各类骨制品的主要特征将在下面做扼要的记述。

有切痕的骨制品：这样的标本比较多，在碎骨的表面上可见一条或多条切痕，长短不等，宽窄不一，多数为线状、较浅的切痕，也有较宽、较深的。这类有切痕的骨制品，从现存的标本上看，其横断面呈"V"字形,断面的壁乃至切痕底都是比较毛糙的，不平齐。这与中国猿人石器刃口较钝而曲折互为印证。它的存在有种种解释，其一说是肢解动物时留下来的，另一说为多得肉食，割切肌腱而留下的。此二说都是言之成理的,但是《中国远古人类》中第三类骨制品有宽而深的割剁的沟槽，恐非上述推论所能解释。是否另有成因或偶然形成，有待对中国猿人碎骨进行全面研究后，或许能提出新的成因说。

有零散打击痕迹者：若依其坯材分类，则可再分为管状的和片状的，其上有一个或两个相连的小疤或不相连的多疤及多处有零散的小疤。管状骨制品是指肢骨裂面上有几个小疤。这类骨制品多数是单端的，另一端则仍保留哺乳动物肢骨的关节，有数十件标本。它们的裂面往往是相当短的，疤也短小而宽，但个别的裂面其一面是相当长的，接近关节面，在长的片疤上还可见小的打击痕迹。此外，还有两端有裂面，并在裂面上留下几个小疤的骨制品。这类标本目前见到的只有1件。属于本类更多的是片状骨制品，它的原材料是打碎的肢骨，既不保留关节，也无完整的髓腔，其裂面上的小疤虽有比较短的，但普遍是比较大而长的。粗加区分，其一是将碎骨一端再加打击，使其成参差不齐的端，疤小而少，端部仍显得钝厚；其二是尖形的，一端有几块疤，使前端成一短钝的尖；其三比较常见，是在长的裂面上分布零散的小的骨疤；其四是在斜的裂面上有几块不相连的小疤，使这部分裂面变得曲折。

有坑疤的骨制品，曾找到过1件，系犀牛的掌骨。在其左右的侧棱上有较集中的坑疤，在宽面上还有线状切痕和一处分散的坑疤。此外，步日耶还曾提到过一些鹿、猪的下颌骨的上升枝被石器打掉或有修理痕迹。因未见到标本，从照片上看，打击痕迹不那么清楚，是否是骨制品，无法判明，录以备考。

骨核与骨片：它们的性质类似石制品中的石核与石片。骨核是打过骨片后留下来的标本，其上遗有一个或多个骨片疤。依其打击方向可分为单向打击和多向打击，前者还可再分为纵向打击和横向打击。单向打击的骨核是指每件标本上循着一个方向打片，这样的骨核上遗有1个或多个片疤。若是纵向打击，以碎骨一端为台面，垂直向下打击，常可见长型的片疤，且往往不只一个。

从骨核上打下的骨片，以其锋利的边和尖可直接当作工具用，也可以再加工而成打击骨器。目前看到的纯粹的骨片是不多的。

②角制品。

中国猿人是否存在角制品,只有步日耶做过一些研究,我们尚未开展这方面的研究;更兼试验标本之难觅,试验工作几是空白,对比资料尤缺。这里将步日耶的研究结果做一简单的综述,以备考。

有割剁痕或切痕的标本:属此类的记述颇多,既见于斑鹿和肿骨鹿角相连的额骨上,也见于角上和肿骨鹿角的掌状面上。这种割剁痕有很细的,呈线状,长短不一,横、竖和斜的都有,看不出明显的规律性。此类痕迹的产生有什么意义,步日耶未曾言明。这些割剁痕的特征与骨制品上所见者基本相同。

有割剁痕的鹿角(包括斑鹿和肿骨鹿)和牛、羊类的角(心):鹿角既有从头骨上砍下来的,也有剁掉眉叉和主干的(斑鹿),也有削去肿骨鹿的部分主干和掌状面的,剁下角尖也比较常见。被割剁的断面是较参差不齐的,留有石制品的割剁痕。中国猿人石器上未看到清楚的用软锤加工的证据,是否用于加工其他的生活资料,因未见标本,不便加以猜测。

鹿角尖或牛、羊类角(心)的尖端处有磨光现象或破损痕迹,甚至还有两端被截的,个别的可见剥片的痕迹。但裴文中(1960年)认为,鹿角尖的磨光和上边有许多细微的不同方向的沟纹,"这是鹿在生活时,在各种东西上(如树干、草丛上)摩擦的结果"。更有趣的是一只野牛角(心)的尖端部分有明显的破损痕迹,遗有多块角疤。野牛活着时,角心外还有角套,目前所见的破损痕迹应是在野牛死后,角套朽落后产生的,说它是经使用或打击所产生的破损痕迹似非臆断。从步日耶所提供的标本照片看,那些两端剁断的鹿角尖和牛、羊角尖有破损的,可视为与当时人的生产活动有关,看来问题是不大的。

总之,在中国猿人遗址的破碎的鹿角中有角制品应无疑问,一些鹿角上(依照片)似有人工痕迹,如上述举例的。至于这些角制品的用途问题,虽步日耶已做了一些探讨,但要有符实用途的认识,既要做许多试验,还要对现存的碎鹿角做细致认真的观察,对比研究显得十分必要。

③石制品。

石制品是研究中国猿人文化的最主要依据,从中可了解其生产技术、功能、文化的主要特点、发展趋势及其在中国旧石器文化中的地位。从中国猿人遗址里曾出土过多少石制品目前尚无准确统计数字。20世纪70年代后期和80年代初曾做过系统研究,共有17 131件,其中可分类的标本8 647件,占系统研究总数的50.48%,还有8 484件属难分类的标本,系断块或残片,占49.52%。这些标本绝大多数是石英制品,有一个或多个裂面,

遗址出土的石器

人工打击痕迹不清楚或不很清楚。这可能是中国猿人石制品发现之初，引起是与非争议的主要原因。

依历年发表的资料，经系统研究的可分类的石制品虽不能十分全面地反映其文化面貌，但不会影响对其文化总性质的了解。换句话说，在当时尚未找到的标本中或许存在有意义的材料，但反映其特点的典型标本（从1931年起历年发表过的标本）基本不缺，均纳于系统研究中。以下记述的石制品的研究成果均来自《中国猿人石器研究》（1985年）一书中，并有所补充，也做了一些新的探讨。中国猿人石制品系统研究的目的之一，是探讨其文化的发展性。通过对每层的石制品进行整理、观察、测量（对每件石片和石核的长度、宽度、厚度和石片角或台面角进行测量，加上对重量的计量，还测量刃角、端刃角和尖刃角）和统计，试图以量化的方法多侧面地探讨其发展趋势。在此基础上，将中国猿人石制品分成10个大类，再分成40个小类，现分类扼要地加以记述。

①石制品原料、类型和加工技术。

Ａ.石制品原料。

经初步鉴定，石制品的原料有44种。最常用的原料是石英，占总数的88.84%；其次是水晶，占4.77%；砂岩居第三位，占2.60%；燧石的用量仅次于砂岩，占2.43%；其余40种岩石用量甚微。有20件标本的岩石有石英岩、煌斑岩和片岩3种；超过10件标本的岩石有4种:石灰岩、花岗岩、铁质角闪岩和粗面岩；标本量在1至9件的，共计33种岩石。

中国猿人生产石制品的石料种类虽多达44种，但基本石料仅有4种：石英、水晶、砂岩和燧石。前两类，从下层到上层原料在量上有所增加，质上有所改善；后两类变化较大，砂岩从下而上各层由多趋少，燧石则有明显的增加。依1966年发现于中国猿人遗址顶部出土的石制品，燧石的用量高达26.3%。这些变化比较有力地说明，中国猿人在龙骨山长期居住时，对岩石性质的认识有不断提高的趋势。在可能的条件下，尽可能选择优质石料，选优汰劣的趋势清楚。

中国猿人石制品的原料是就近取材或就地取材。主要原料脉石英，可能来自龙骨山北或东北的花岗岩区。那里从岩脉中风化出来的石英块与做石制品的原料相似，两地相距约2千米，少数优质石英多可见砾石面，可能来自龙骨山下的下砾石层中。

生产石制品的水晶，大多数是小块的。这些小块水晶应来自龙骨山北的花岗岩区。1959年野外工作中，曾在那里找到过相近尺寸的水晶晶体。在鸽子堂石英Ⅱ层中发现过几块大的水晶石制品。据说，这样大的水晶在周口店东北牛口峪偶可见到，也许中国猿人曾去距龙骨山约5千米的地方采过石料。

其他石料，除少量石灰岩来自本山外，其余岩石都是磨圆的砾石，应采自周口河的河滩，即现在所称的下砾石层。在那里不仅可找到各类岩石的砾石，而且砾径和磨圆度亦相仿，这也为下砾石层的时代属中更新世提供了证据。下砾石层也是中国猿人生产石制品原料的基地之一，尤其是在早期。

依已知的石制品原料质地看，中国猿人采石料的范围的最大半径可能不会超过5千米。诚然，采石料的范围不等于其活动范围，其生产活动的区域要大一些。前面已提到，在其石制品生产过程中，石英用量有明显的增加，其中虽有一些质佳半透明的或乳白色的石英，但大量是质劣的、多节理的脉石英；即使到晚期次品率还是很高，如第1层至第3层次品率占石制品总数的63.29%。大量使用脉石英做石制品的原料构成其文化很重要的特征，而且对其后的、仍在龙骨山生活的古人类如何生产石制品产生了重大的影响。这种在一定程度上放弃就近在下砾石层选用石料，而到较远的地方去采石英块，再运回洞中生产石制品，且其结果又不怎么好，可谓事倍功半。中国猿人为什么要这样做，令人百思不得其解，但却反映出其文化的特殊性。

B. 生产石片的技术。

中国猿人生产石片可能曾用3种方法：砸击法、锤击法和碰砧法。砸击法是主要打片方法。锤击法是生产石片的重要方法。碰砧法可能是偶被使用的方法，因其现存产品不多，且用锤击法亦可产生类似特点的石片，并遗下相似的石核，故碰砧法是否是一种打片方法，目前难以肯定。若从3种打片方法变化情况看，其发展趋势是，在其早期锤击法和砸击法处于并重的地位，稍后砸击法的地位不断加强，至晚期居绝对优势。碰砧法，若确被用过，也只能在早期，其后虽有类似特点的几件石片和石核，但其特征与锤击产品极难分清楚。

砸击法生产的石片与石核。用砸击法打片是将石核用手握住，将其一端置于石砧上，另一只手握石锤，垂直砸击石核的另一端，从而使石核因受砸力而剥落下石片。这样的打片方法要求石核不能太大。过大的石核，手难以握牢，砸击面会变宽，不宜打下适用的石片。由于上述因素的制约，使这种方法生产的石片和打片后留下的石核具有鲜明的特点：无论石片或石核个体都比较小，其一端或两端可见砸痕（多砸击点，近缘有鳞片状的剥落碎屑痕迹和清楚的放射状线痕），两端有砸痕的是因为一端受砸，另一端受石砧的反作用力而造成破损。用砸击法生产石片可消灭石核是与他种方法生产石片的最大区别。当石核高度被利用后，再砸击，就被砸成两件厚度差别不大的、均有较平裂面的石片。

砸击石核：共发现 264 件，占砸击产品的 6.36%。石核在砸击产品中占比例少，可能与在打片过程中石核可消失有关。它们基本上是长型的，即多数是长度大于宽度，只有个别的例外。大多数砸击石核形状不规则，呈多面体状，其一面，但更多的是多面，可见剥片痕迹，砸痕见于一端的多于见于两端的；少数石核形态规则，呈枣核形或多棱柱形，它们形体小，两端可见砸痕，周身遗有似石叶疤，属于高度被利用的石核。依已有的砸击石制品试验，石核体由大变小，形态由不规则渐变规则，其上片疤有渐长趋势，砸痕初见于一端，另一端不显或无，继之两端渐明显。

砸击石片：已经研究过的砸击石片有 3 890 件，基本上是小型的，大多数标本的长度小于 40 毫米。绝大多数是长型的，其中长大于宽 1 倍以上的占砸击石片的 15.99%，两倍以上的仅占 1.0%。宽型的砸击石片不多，只占 1.16%；长宽相仿的更少，只占 0.82%。本类石片多比较薄，常见的厚度少于 10 毫米，但它们也有一定的变异。

砸击石片的破裂面多是平坦的，少数有一定弧度，个别的为两块近平行的片疤。依试验，它是砸击时同时崩裂的，也有少数破裂面是不平的，常呈阶状或不规则的多疤状，它们主要是因原料多节理造成的。砸击石片的背面常遗有多块片疤，常见的是由一块或几块长疤组成，其背面显得平整，少数是多脊多疤的，背面显得凹凸不平。砸击石片的背面基本上不保留自然面，少许标本可见或多或少的与围岩接触的面，但未见全部保留。本类标本的两侧多数是刃状的锐缘，也有一定数量的标本一侧为锐缘，另一侧为钝厚的小面，极少数两侧为小面的。

依砸痕存在情况，砸击石片可再分为一端遗有砸痕的，称一端石片，两端有砸痕的称两端石片。两者不是用不同方式生产的，而是用同一方法产生的不同阶段的砸击产品，前者是砸击早期的产品，后者则代表中后期的产品。

一端石片是指一端可见因砸击而产生的剥落碎屑痕迹，而另一端则不见这类痕迹，原因是从砸击石核早期剥落下的石片很难裂到与石砧接触的部位，其另一端未能接受石砧因砸击而产生的反作用力，故不能形成砸痕。一般来说，一端石片的形态较之于两端石片的略不规则，背面亦多不平，无砸痕端既有刃状的，也有小面的，其长宽指数也略大于两端石片。换言之，它们相对短一些。在中国猿人砸击石片中，也有例外，在上部地层中有若干石片状如石叶，因太薄而一端断残，在分类上归一端石片，但实际上是两端石片。

两端石片形态多规则，长而薄，两端呈刃状的占绝大多数，个别的为小面的。两端石片形状常见的有长方形的、圭形的和长梯形的，还有少数类似笛嘴形雕刻器的，其一上端向左右劈裂，可见剥落碎屑痕迹，有类似凿刃状的锐缘，其下端砸痕清楚，呈薄刃状，此可看作一类。另一类，凿刃锐缘在下端。这两类由于两端有清楚的砸痕，易与雕刻器区别开来。

中国猿人对砸击技术的应用逐渐变得熟练，表现在所得的砸击石片形态上渐趋规整，长而薄的标本——上部地层出土的，长宽比差超过一倍的砸击石片占这类石片的76.25%，而下部地层出土的砸击产品，形状不规则的习见，相对来说显得短宽而厚，似石叶的砸击石片基本上都出自上部地层。在其文化发展过程中，石制品是向长宽等比小型化方向发展，从各层这类产品的长宽指数看变化不明显，但小型化过程十分清楚。至晚期，还可见到用大砸击石片再加工成小型的，似石叶就多属这样的产品。

锤击法生产的石片和石核。用锤击法打片，在多数情况下，用左手握石核，而后右手执石锤敲击石核，并从其上打下石片；较大的石核，无法手握打片，只好将其置于地上或石砧上，而后挥锤打击石核，生产可用的石片。

锤击石核的原材料有砾石，也有石英块，大小均有，变异相当大，但常见的长度为70～90毫米，多数标本的宽度略大于长度而与厚度相仿。这类石核没有相对稳定的形态，常因原材料形态而异，显得"个性"强；群体大小亦因原材料之不同而有所差别，砂岩等砾石为原材料的石核多粗大，而脉石英块的则比较小。

石核的台面以自然的居多，占石核总数的58.9%，打击台面的占39.7%；还有3件标本的台面可能被修理过，占1.7%。石核上的人工痕迹，因原料质量欠佳，除打击点多集中外，半锥体阴痕和放射状线痕等常不甚清楚。有不少石核面上可见分散的坑疤，表明这部分石核也曾兼作砸击石锤用。石核依台面多寡，可再分为两型：单台面石核和多台面石核，后者包括双台面和更多的台面。

单台面石核：共发现55件，绝大多数是自然台面，占单台面石核总数的81.8%（此比例远高于多台面石核中的自然台面），包括较平的砾石面、节理面和围岩接触面；打击台面只有10件，占18.2%。石核的工作面基本上属宽形，有呈一面壁状的，还有呈半柱形的。后者是最常见的一种，还有个别的大部或全部周边有剥片痕迹。工作面上的片疤常常是近缘较细碎，远缘大而宽，偶可见梯形和三角形等片疤。其上诸人工痕迹见上述。

多台面石核：共发现118件，基本呈不规则的多面体，其所见的打击台面量较大，并非是有意打击成的，而是利用原工作面作台面，采用转向打片的结果。为了多得到石片，中国猿人采用转向打法，以克服原料质劣（打击时易发生崩片，台面角易迅速变钝难以再生产石片）的不利因素。在本类石核中，有3件石核台面可能被修理过，但由其上片疤不甚规则看，尚难肯定对修理台面的真正意义有深刻的了解。

锤击石片：共发现1 231件，对原料要求不高，大多数种类的岩石用于生产此类石片；其变异范围较之砸击石片要大得多。

锤击石片的台面以打击的平台面居多，其次是自然台面，再次是有脊台面。多数有脊台面上有一条贯通前后的纵脊，也有几条的，但汇于前缘打击点上的很少。在有些台面上，有一条纵脊的石片打击点落在其前缘点上，曾被认为是修理台面的痕迹。由于从石核上可见当时人采用转向打法，因此，若以原工作面改作台面，打击时，着力点在片疤脊上，台面上就会有纵脊。故上述49件有脊台面的纵脊未必是修理台面的痕迹，而更有可能是用转向打法而形成的。除上述者外，还有线状台面，因前后两打击点紧挨着，使台面成一条线状；还有崩裂台面和层剥台面，它们在台面上可见疤和脊，是原料多节理，打击时崩剥的结果。台面的形态由前三类石片看，有相当数量是不规则的，但也有不少石片的台面形态规则，如呈三角形、梯形和新月形。

锤击石片的破裂面观：最上部的打击点多数在台面前缘中部，但也有不少偏于两侧。打击点集中与否与岩石质地密切相关，燧石和水晶等材质的打击点多集中，石英和砂岩的较分散。总的来说，集中的和分散的都不多，最常见的是较集中的。在打击点下方有一凸起部叫半锥体，半锥体凸度也与岩石有关。锤击石片上的半锥体很凸的不多，较凸的较多，不凸的但可见痕迹的很少。一般来说，一件石片只有一个半锥体；但有28件具双锥，即一个大半锥体旁有一个副（小）半锥体。有些石片的半锥体下部或近旁有一块小片疤叫疤痕，中国猿人锤击石片上很少见疤痕，可见者仅10多件标本。以打击点为中心，在半锥体两侧可见放射状线痕，在本类石片中密集的很少，稀疏的或基本上不见的比较多。整个破裂面多数是平坦的，少数有一定弧度（侧面观），极少数是不平的，常常是因原料结构或多节理造成的。

锤击石片的背面观：大多数石片不保留或保留少许自然面，保留 1/2 以上自然面的可能有 100 件左右,全部保留的数量很少。石片台面后缘常可见打击点和小的片疤，使台面后缘凹凸不平，没有看到清楚的修理台面后缘的痕迹。本类石片的背面以多脊多疤者居多，这样的石片背面往往是不平的，甚至呈龟背状，石片的形态也是不规则的；其次是背脊有一条或两条纵脊，或呈"Y"字或倒"Y"字脊，具这样脊背的片疤都比较平整，故整个背面相当平，石片形态也相对规则；再有是背面无疤的石片，数量很少，是最初打下的或制作平台面时打下来的。

锤击石片因受原料多质劣的影响，大多数形状不规则，呈长短不等的多边形；但也有一些石片形状比较规整，如梯形、三角形和长方形。

中国猿人遗址从下到上地层中出土的锤击石片，从各种人工痕迹、形态和体积的变化看，可清楚地看到其发展趋势。石片从早期粗大的、形态不规则的多，向晚期形体小、形态规则的变多，似石叶或长石片比例增加。有台面脊的石片也是晚期最多。

碰砧法生产的石核和石片。前面已说到，用碰砧法生产的石核和石片与锤击法生产的有一定难分性，这里暂不考虑其复杂性，仍按原系统研究的分类对其特点进行扼要的论述。被鉴定为用碰砧法生产的石片共计 48 件（包括 9 件已制成砍砸器的在内）——石核 8 件，出自下部地层石片 38 件；石核 7 件，出自中部地层石片 2 件；出自上部地层的石核 1 件和石片 8 件。由发现情况看，碰砧法主要被用于下部地层古人类的石片生产。此后这种偶被使用的打片方法，至中部地层基本上弃而不用，至晚期也是偶然地被应用。如果中国猿人曾用过碰砧法的话，很可能是用于生产平台面，而不是有意用于生产石片，因为绝大多数这类石片的整个背面仍留着砾石面，台面亦多自然。

用碰砧法生产石片后留下的石核个体都十分粗大，这类石核都是自然台面，台面角锐。其上打击点散漫，呈宽口型，半锥体阴痕不显，放射状线痕稀疏，石核的一面或多面遗有多个宽而大的石片疤。

碰砧石片多数比较粗大，且多是宽型石片，即石片的长度小于宽度，也有长宽相差不大的，亦有少数石片是比较小的。无论大型的或是小型的，它们具有共同的特点：台面大而倾斜，但亦有个别较锐的。后者台面前缘若檐状凸出，其打击点粗大而散漫，甚至不显，半锥体大而稍凸，放射状线痕稀疏，破裂面比较平坦，背面大部或全部保留自然面。

C. 使用石片。

使用石片是指那些未经再加工即当作工具用的石片。依试验，用石片的锋利边缘去剥皮、割兽类肉和筋腱甚至比刮削器还好用。判定为使用石片的依据是石片的一个或几个边上有长10毫米以上连续的细疤。这种细疤多是宽形的，常见的呈新月形，细疤上无明显的打击点。以上为中国猿人石制品综合研究所做的宏观观察的结果。

经济形态

中国猿人在周口店地区曾生活了相当长的时期，本节开头已详细介绍过用各种现代测年方法所得的结果，综合起来，可能经历 30 万年至 40 万年之久。猿人们能在此生活如此漫长的岁月，主要决定因素应有两条：自然环境所能提供的食物来源及工具原料的供给。猿人洞地处山区与平原过渡区的丘陵地带，其背倚中低山，面向华北大平原。当时气候宜人，依对动、植物化石和黏土矿物的分析，当地具有东亚季风带古气候演变的典型特征，始终以不同温带气候为特征；出现了偏暖的半湿润和偏冷的半干旱气候的交替，温度的变化小于湿度的变化。这样的古气候条件和当时的地理环境，有利于动、植物生长、繁殖，可为人类提供相当丰富的食物资源。在工具原料供给方面，猿人洞附近有取之不尽、用之不竭的石料。以下具体地分析当时人的经济形态，以及从一些遗物中所反映出的猿人获得食物的能力。

从已有的孢粉研究结果看，木本植物有 18 科或属，灌木和草本植物有 22 科或属（这里加入紫荆），表明周口店遗址附近有丰富的采集资源。在 18 科或属的乔木中主要是松和桦，较常见的有胡桃、榆、朴树等。朴树花粉虽不多，但据报道："在所有的灰烬层中都有它（指朴树子）的发现，有的非常密集。"（贾兰坡，1983 年）由此可以揣测，附近长有较多的朴树，在灌木和草本植物中常见的有蒿属、藜科、禾本科和豆科等。由这些主要植物可以想到，采集是中国猿人保障性的经济行为，例如胡桃、松子、朴树子、核桃楸、栎、榛、蔷薇、鼠李和榆等的果实、种子和叶子，以及许多草本植物的嫩叶、茎、块根和种子都是可食的，无疑是随时采摘或挖掘的对象。像松子、核桃和朴树子等多油的果实，也可能成为秋冬季节常食的食品甚至是越冬的食物。

在探讨食物来源时，不能忽视周口河的作用。从下砾石层的厚度和砾石良好的磨圆度分析，当时周口河的水比目前要深，流量要比现在的大，断水时间可能短些。似可想象，岸柳丝丝，岸旁绿草丛中闻蛙鸣，虾、蚌伏岸，鱼游浅底翻白浪的生态图，而这些动物应是中国猿人捕捉的对象，是他们的"盘中餐"。虽然我们不能完全证实以上生态图存在过，但从遗址中发现的一些化石可为其提供些证据，如无脊椎动物有 11 种之多，包括扁卷螺、蜗牛、山马陆和裴氏马陆等，两栖类有亚洲蛙和花背蟾蜍等 4 种，爬行类中有水龟和麻蛇子等 4 种。它们大多数是生活在水边的动物。虾是难以保存成化石的，至今也无鱼化石的发现，实是有点不可思议的，但那时周口河里有鱼应不成问题。依这些无脊椎和低等脊椎动物化石，表明周口河曾是易得的肉食源的基地之一。

捕捉鸟类可能是中国猿人得到肉食的另一来源。周口店第 1 地点的鸟类化石共 53 种，重要特点之一是猛禽很少，只占鸟类化石总数的 3.8%，大量的是中、小型的，并以鸡形目和雀形目化石最多。这一比例关系表明中国猿人捕鸟的水平有限，难以捕捉到猛禽。

这些中、小型鸟类主要生活在丘陵地区、水边或平原上。生活在丘陵地区的如鸡形目的鹌鹑和雀形目的多种鸟类，喜水鸟有秧鸡和红尾水鸲等，在草原或荒漠区生活的有鸵鸟、角百灵和沙百灵等。这些鸟类的生活区邻近中国猿人住地，也是他们的主要活动区，猿人有可能知道这些鸟类的生活规律，设法捕捉到它们。至于如何捕捉它们，目前证据不足，只能设想是无器具的捕捉，比较合理的推测是徒手或用树枝扑打它们。

从第 1 地点化石鸟类的留居时间分析，中国猿人捕鸟主要集中于夏季，因为那是鸟类繁殖的季节。在周口店第 1 地点鸟群发现的鸟类化石中，候鸟和旅鸟（繁殖鸟）占绝大多数。其中，存在少数冬候鸟，如毛腿沙鸡、云雀、沙百灵和白头翁等，显示出冬季捕鸟量很有限。在鸟类化石中值得注意的是鸵鸟。目前只发现鸵鸟蛋片，没有发现鸵鸟骨骼。这或许也反映出，当时人的捕鸟能力不强。体大的鸵鸟跑起来是很快的，人很难追上它。中国猿人可能望奔跑的鸵鸟而兴叹，但有可能在它产蛋的地点和时间，拾其蛋而食之。另依 1978 年至 1979 年发掘报告，鸵鸟蛋皮也不是每层都有的。当时发掘的第 10 水平层至第 16 水平层，鸵鸟蛋皮只见于第 10 水平层至第 13 水平层，其中第 10 水平层、第 11 水平层发现较多，这也许意味着捡拾鸵鸟蛋也存在时间性，或许说明获得鸵鸟蛋这样的食品也不是经常的。据同一报告，所有的鸵鸟蛋片，除 1 件被火烧过的外，其余的都是自然的。在无容器和炊器的时代，鸟蛋只能生食，难以做到熟食是可以想到的。

在第 1 地点鸟化石中，存在大量的被烧过的骨骼，可能说明许多鸟类被捕到后，用火烧烤，得以熟食。另外，上面已提到过，目前发现的鸟化石中缺少头骨和脊椎骨等，虽难肯定猿人在捕获现场做过处理，但仍是今后研究中值得注意的问题。

捕捉或猎取哺乳动物可能是其重要的经济活动之一。有人曾设想，猿人到阴暗角落攫取蝙蝠和到旷野里挖老鼠洞，扒开鼠洞就可以成窝地捕获。当时人吃鼠肉等是可能的，因为在灰烬层中（鸽子堂石英Ⅱ层和第 4 层）都发现过大量的小哺乳动物的烧骨。至于挖洞捉鼠，则太难了。鼠洞长数米甚至数十米，有些鼠还有几个洞口，实不易达到目的。至于如何捕鼠，因无证据，不便妄加推测。

中国猿人既通过捕捉小哺乳动物得到肉食，也能狩取某些大型的哺乳动物以增加食肉量。另依民族学的资料，中国猿人还可能从虎等猛兽吃剩的大型哺乳动物身上得到肉食；一些大型哺乳动物骨骼存在食肉动物的咬痕，或许暗示上述推测有一定的遗物依据。

中国猿人猎取大动物的能力究竟有多大，可从一些化石的保存情况和化石的个体数量来探讨。有资料报道，肿骨大角鹿和葛氏斑鹿的化石是最常见、数量最多的，肿骨大角鹿的个体不少于 50 000 个。这可能说明，鹿类或许是当时人狩猎的主要对象。对肿骨大角鹿和葛氏斑鹿化石角与头骨的保存很有意义。依步日耶观察，葛氏斑鹿，除两件鹿角是自然脱落的外，另有 176 件角仍长在头骨上。由此说明，中国猿人狩取斑鹿时角是未脱落的。与葛氏斑鹿的情况相反，肿骨大角鹿的角绝大多数是自然脱落或正要脱落时被打下来的，其头骨上仅存角基部而无主干和掌状面。出现这种差别，步日耶给予了合理的解释："从欧洲赤鹿的情况看，它们的发情期是在9月底，发情期后，成年个体的鹿角在初冬脱落，到第二年春天鹿角又处于生长阶段"，依此，他认为"中国猿人在夏末秋初更多地狩取斑鹿，而到冬初则狩猎肿骨大角鹿"。

中国猿人在不同季节主要狩取的鹿类不同，这种推测应该说是合理的。除了猎取鹿类外，其他偶蹄类、奇蹄类，如李氏野猪、裴氏转角羊、德氏水牛、盘羊、犀牛、三门马，甚至长鼻目的象都可能成为狩猎对象。象化石常见于文化层，而且数量还比较多，这是《中国原人史要》中记述过的。另依1978年至1979年发掘报告："象化石成一小堆堆积在一起，旁边有石英岩石块及砾石分布。这是否是北京猿人肢解大型动物的现象，是今后值得注意的。"（袁振新，1985年）

关于中国猿人狩猎行为及其能力有过种种推测。有人认为："狩猎时也会用火把助威。周口店附近地形相当复杂，北边不远是山口，山口的两侧是悬崖，正好利用这样的地形。"依此进而认为："上边所提到的动物（注：既指野猪、三门马等，也包括29种食肉目动物）都发现有成千个个体，比如肿骨大角鹿总数不下50 000个个体，在一个遗址里发现有如此多的动物个体，在世界上恐怕也是罕见的，狩猎经济不占有相当的优势，是无法解释得通的。"（贾兰坡，1983年）也有人依一些化石材料认为，中国猿人并不具备较强的狩猎能力，其狩猎主要目标是老幼个体，如犀牛化石幼年个体占1/6，肿骨鹿老年个体多达2 000头以上。还有报道称，在被烧过的牙齿中乳齿最多，在能鉴定种属的牙齿中，乳齿和磨损程度不高的牙齿占很大的比例，这也说明大量的未成年的动物可能是重要狩猎对象。还应指出的一点是，猿人洞中的大型哺乳动物化石，并非都是中国猿人狩获物，可能有相当大的一部分是大型食肉类的牺牲品，被鬣狗等拖入洞中，在中国猿人文化早、中期的兽类化石占优势的堆积里尤其如此。一些骨化石留有食肉动物的咬痕，也可为这方面提供一点证据。再将洞穴堆积时间漫长（30万~40万年）考虑进去，中国猿人由大型哺乳动物得到肉食可能是很有限的，通过狩猎所得或许更少些。较合理地推测，中国猿人利用地形，袭击老弱病残个体而猎得之可能是主要方式。

综合已有的资料，中国猿人的保障性经济是采集。在其生活时期，周口店地区有丰富的采集资源，但他们不是纯素食者，获得肉食的途径是多元的，如下河捕捞、河边捉挖或捡拾鱼虾、淡水腹足类、陆生腹足类和蛙等两栖动物。当然狩猎也是其经济的重要组成部分，主要狩猎对象可能是鹿类中的老幼个体。由于以往未对中国猿人经济形态及各类食物比重的变化做系统研究，故采集经济与猎狩经济比重的变化目前不很清楚，尚待探索。

山顶洞人探秘

山顶洞人发现过程

山顶洞位于龙骨山山顶的东北部,在中国猿人遗址南裂隙南端。其堆积的底部与红色的、胶结坚硬的中国猿人地层接触的地方呈假整合,被一厚层的钙板所隔开。山顶洞的洞口向北,海拔为175米。

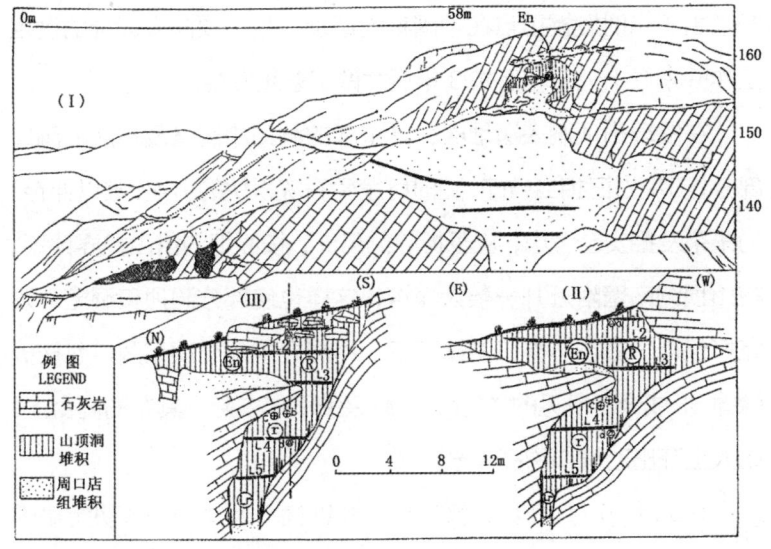

山顶洞人遗址位置和底层剖面

山顶洞人遗址是 1930 年清山找界时发现的。由于 1929 年末发现中国猿人第一个头盖骨，为了准确了解中国猿人堆积的南界，开展了在南部除杂草、铲浮石、挖深沟等工作，以期找准中国猿人遗址的南界。在这过程中，发现了山顶洞人遗址。发现时洞口外露很小，宽约 3 米，高仅 0.4 米。洞口堆积着浮土和碎石，洞内大部被堆积所填，无堆积的空间很小，由洞口向内约 4 米即已到边了。

1930 年，科考人员对山顶洞做了小规模的试掘。清去洞口附近的杂草、碎石及洞内很厚的一层积尘后，露出比较坚实的灰色土层，中含化石，知已到山顶洞人遗址的原生堆积，在灰色土层中发现了中夹灰烬层。因此，科考人员深信此洞穴内有人类活动过，同时还得到另一点认识，它的时代要比中国猿人遗址晚得多。由于当时发掘重点在中国猿人遗址，故山顶洞人遗址的发掘工作并未马上进行，而是 3 年后才做了系统发掘。

在发现山顶洞人遗址时，其东部的洞顶和洞壁及相连的洞口部分，石灰岩已相当破碎，随时可发生石灰岩块的坍落，难以保存。为未来发掘安全考虑，应予拆除。另外，按原拟的清山找界计划，在山顶洞南壁附近开一条大深沟，这样也使部分洞顶和洞壁难以完好保存，故在不得已的情况下，将洞之东部洞顶和洞口忍痛拆除掉，形成今日所见的"洞口"。原来的洞口实际在其东的高台上，比人工开出的洞口约高 4 米。

1933 年 5 月 13 日，德日进、杨钟健、裴文中等人决定集中力量发掘山顶洞人遗址。主持人裴文中考虑到，欧洲考古学家将旧石器时代晚期分了许多文化期，在不到 1 米厚的堆积中即可有不同的文化。"我们这开掘工作，若稍微大意一点，恐怕把这文化的层次都马虎过去。我决定，开掘时，每 1 平方米为一方，0.5 米厚的堆积为一水平层。每个技工管辖 2 平方米的地方。我们开掘的时候，绘画 1：50 的详图。每隔 2 米有一个南北向剖面，每掘 0.5 米，画一张平面图。凡是人类的遗物和其他各种重要的化石，以及重要地质上的观察结果，都画在图上。我们每天从不同的 3 点，照相 3 张，是为记录照相。"（裴文中，1934 年）如此细密的发掘和记录，为山顶洞人遗址研究结硕果打下了坚实的基础。

山顶洞人遗址的发掘工作从 1933 年 5 月 20 日正式开始。依裴文中，到 6 月（可能是 7 月，见贾兰坡的《山顶洞》一书第 19 页，这样才与累计工作日相符）25 日因雨季将临而暂停；10 月 15 日再次开工，及至 12 月 19 日结束，挖完了山顶洞人遗址的全部堆积。次年春季主要是挖山顶洞的下窨部分，发现了许多完整的哺乳动物化石，但无人类化石和文化遗物。故严格地来说，下窨不属于山顶洞人文化遗址。山顶洞人遗址 1933 年的发掘工作，累计工作日为 141 天，取得了丰硕的成果，在世人面前展现了一处于旧石器时代之末的山顶洞人生产生活的概貌，提供了诸多意识形态发展的信息，成为我国同时代遗址提供史前信息最多的文化遗址。

山顶洞人化石特点

山顶洞人化石包括完整的和基本完整的头骨3件、残头骨3件、下颌骨4件、残下颌骨3件、单个牙齿数十颗、脊椎骨数件、股骨6件、肩胛骨3件、髋骨3件、跗骨6件、荐椎2件和桡骨1件。在山顶洞人化石丢失以前，已做模型的有19件标本：101号骨和下颌骨各1件，102号头骨和下颌骨各1件，103号头骨和下颌骨各1件，右上颌骨1件，残下颌骨1件，单个牙齿6颗，残桡骨（上部）1件，右股骨上部（残）2件，髋骨和左第一跗骨各1件。

山顶洞人化石的发现是相当分散的，上下距离很大，最上层位是第1层，发现头骨和下颌骨破片、牙齿、桡骨、指骨等。3件头骨中，102号和103号发现于第8层面，101号发现的时间晚6天或7天（1933年11月9日），其发现层位可能低于第8

山顶洞人头骨模型

水平层；其后 11 月 17 日至 19 日发现的 110 号（右上颌骨）出于第 13 水平层，而 109 号（下颌骨）于 11 月 20 日发现，属第 14 水平层。发现化石最低的水平层是 17 层和 18 层，从中出土了脊椎骨。发现化石的距离上下相差 8.5 米，这意味着人骨埋藏经历了相当长的时间；因此，他们所有个体属于同一家庭的可能性不大，但不排除是同一家族几代人的尸骨埋于一个洞穴中（吴新智，1961 年）。

山顶洞人化石究竟有多少个体？依魏敦瑞 1939 年发表的资料为 7 个个体，1947 年则著文认为大约有 10 个个体。经吴新智（1961 年）再研究，他认为，把两件下颌骨看作代表另外两个个体，则山顶洞人群包括老年男性 1 人（101 号）、中年或壮年 1 人（108 号）、壮年（110 号）1 人，中年女性 3 人（103 号、104 号、109 号），青壮年女性 1 人（102 号），不明性别的青少年 1 人，以及 5 岁左右的幼童和初生婴儿（或胎儿）各 1 人，共计 10 个个体。

确定上述性别年龄和个体数，主要依据头骨各骨缝愈合情况和牙齿的磨耗程度等方面的资料而判断。101 号头骨为老年男性，其牙齿磨耗很深，其蝶额缝完全愈合，现代人在 60 岁以后才会这样。但事情稍有一点复杂，其人字缝左半清晰可见，右侧半也大部清楚，矢状缝，除顶孔区尚清楚可辨外，其余部分都已愈合；按照现代人年骨缝愈合的年龄判断，他应该是中年个体。他的眉脊、乳突、枕外隆凸等都很粗壮，脑量很大，约 1 500 毫升，无疑属男性。101 号下颌骨属于 101 号头骨也无疑问。

102 号和 103 号头脑量较小，前者为 1 380 毫升，后者为

1 300毫升，乳突较小，眉脊不显，肯定是女性。102号头骨上的骨缝清晰可见；枕骨基底部和蝶体尚未长合，表示其为刚成年或将成年个体。103号头骨最破碎，主要骨缝一般清晰可见，枕骨体和蝶骨体之间已愈合，牙齿看来已全部长出，估计年龄要大于102号女性个体。依魏敦瑞的意见，102号年龄刚过20岁，103号可能接近30岁。

104号下颌骨原被魏敦瑞认为与102号同属一个个体，后经吴新智研究，认为它与102号不属同一个个体。其理由是头骨上牙齿磨耗很轻，而下颌骨上牙齿已磨耗得相当严重；此外，上、下颌齿弓宽度在第一臼齿处相差达10毫米。因此104号与102号应不属于一个个体。104号从其下颌指数、整个下颌体表面较为细致和颏隆突不显著等特点来看，应属女性；依其牙齿磨耗程度，可能属于中年女性。

108号下颌骨，保存基本完好的下颌体和右侧下颌枝的一小部分。从空的齿槽来看，牙齿都已萌出，大多是在死后脱落，但有3颗牙齿仍留在下颌上。从这件标本下颌指数及颏隆突显著程度来看，应属男性，但其表面细致，这是常见于女性的特征。

109号下颌体的大部保存，看来牙齿都已长出，但均已脱落，仅有1颗牙齿原位保存，磨耗很深，从一般形态特征看，其应属中年女性个体。

110号上颌骨保留右侧上颌体的大部，前面牙齿磨耗度大于后面的。这件标本颌体硕壮，可能属男性壮年个体。

上述依牙齿判断山顶洞人所属年龄的推测仅作为参考。因为依牙齿磨耗程度判别年龄,受诸多因素影响,如食物粗糙程度、食物的生熟比例及不同人群的不同食性,都对牙齿磨耗有一定的影响。比较准确的鉴定要看头骨上各种骨缝的愈合情况,例如矢状缝一般在 22 岁开始愈合,35 岁全部愈合,蝶额缝 22 岁至 65 岁愈合,冠状缝 24 岁至 41 岁愈合,人字缝 26 岁至 47 岁愈合,蝶顶缝 29 岁至 63 岁愈合,蝶颞缝 30 岁至 67 岁愈合等。而在性别鉴定上,最好做多方面综合分析,上述 108 号就是 1 例,存在一定复杂性。

以上个体是有模型为依据的,另据魏敦瑞的记述,还有另外 3 个个体:以头盖骨为代表的少年,以下颌骨残片为代表约 5 岁的幼童和以头骨残片为代表的婴儿或胎儿。

据魏敦瑞报告,山顶洞人中有明显因伤而死亡的证据。其中 101 号头骨伤痕见于左侧额骨和顶骨之间,在颞线经过的地方有一个长圆形的凹坑。依魏敦瑞观察,这个凹坑是头骨尚有皮肉时所伤。102 号也有类似伤痕,在其额骨和左顶骨之间,在颞线经过处有一个洞。对于这个洞,魏敦瑞认为是重物击破的伤口。顶骨和枕骨虽然破碎,但仍彼此叠压地黏结在一起,可以证明,这个头骨是尚在保留有皮肉时破碎的。103 号在额骨的左

山顶洞人复原像

方,上眉骨的内上角有一个破裂的中心点,显然这个头骨也受过重伤。如果魏敦瑞观察无误的话,以这 3 具头骨为代表的山顶洞人群,与其他人群曾发生过剧烈的争斗,头骨上留下累累伤痕,很可能含愤、含恨而逝。

山顶洞人的头骨的特征已基本上与现代人接近。从头骨上看,其中 101 号和 102 号呈卵圆形,103 号呈椭圆形。从侧面观,3 具头骨的眉脊为最突出部,后端颅后点的位置偏上,因而与人字点的距离反比与枕外隆突点的距离要短。102 号两侧颞骨完好保存,颞鳞较高,顶缘呈弧形上曲,与现代人相似。但 101 号头骨的颞鳞呈直角三角形,即以蝶额缘、顶缘和其底缘为其三边;103 号颞鳞虽不完整,但仍能看到具有类似的形状,中国猿人的也具有类似的形状。3 个头骨的外耳孔的位置都较深,上方遮有乳突上脊的根部,乳突粗大,但下垂部分较短。

从头骨的前面观,101 号和 102 号头骨较低平,103 号则较丰满,额结节都不显著。101 号顶结节较凸出,另两具头骨的顶结节均不显著。3 具头骨的眉弓都比较发达,尤其是 101 号形成了眉脊,两侧眉脊在中间相通,使眉间明显向前凸,眉脊后方有一浅沟。这一特征在晚期智人化石上较常见,但在现代人中则不多见。眼眶都呈四角形,低眶,眶间距较大,眶外上角的泪腺窝较现代人浅,这可能是原始性状。101 号和 102 号鼻腔前部开口(解剖学的术语叫梨状孔)都比较宽而短,而 103 号鼻腔开口则是较长而窄的。

山顶洞人 3 具头骨在颜面横向的扁平度上是很接近的,这可以从颧上颌角及前额指数上看出来。颧上颌角是鼻棘下点与两侧颧颌点连线所夹之角，3 具头骨此角数值依次为 128°、125° 和 131°，都与近代中国人接近（云南人为 131°，华北人为 129°）。前颌指数是上颌齿槽点至两侧颧颌点连线的矢长与弦长之比，以视在横向上凸颌的程度。山顶洞人 3 具头骨依次是 33.1、34.3、33.2，都与现代中国人相近（云南人为 32.5，华北人为 34.7）。

另从山顶洞人头骨底面观，101 号枕脊发达，尤其在矢状平面的两侧明显凸起，在中间则形成一凹陷，另两个头骨枕脊不明显。3 具头骨的枕骨大孔均稍微朝向后方，一般现代人开口向下并稍朝向前方，这是山顶洞人保存的原始体质特征之一。

从整个头骨看，3 具头骨均应属长颅型，长颅型是化石人类相当普遍的特征。人类在进化过程中头骨高度是不断增高的，这由头骨高度和弧长的变化反映出来，可由对头骨测量得到，其各项测量值均落入现代人数值变异范围之内。

山顶洞人下颌骨现存 4 件标本（101 号、104 号、108 号和 109 号）。其中 101 号和 108 号为男性，104 号和 109 号为女性。山顶洞人下颌上的颏孔位置与晚期智人化石相似，其位置与现代人相比，有向后移的倾向。

用颏孔高度指数表示颏孔高度，山顶洞人 101 号左 47.1，右 43.5、108 号右 41.9；104 号左 46.5，右 43.3。现代人约 50.8（男性）或 51.4（女性）。由此可见，山顶洞人的颏孔较现代人的低。山顶洞人 101 号和 104 号保存有下颌角，下颌角分别为 117° 和 120°，与现代人接近。下颌体上的粗壮指数比中国猿人低，女性的与现代人相仿,男性的则比现代人低。山顶洞人101号下颌体的内侧面齿槽缘下有下颌圆枕,下颌圆枕结构,既见于中国猿人下颌骨上,在现代蒙古人种中出现率也较高,是蒙古人种区别于其他人种性状之一。

山顶洞人的下颌骨比中国的现代人和新石器时代的人都要粗大,尤其是其髁间宽、角间宽和下颌枝宽的测量数值都比后两者要高得多。

曾有一项研究(Christy G.Turner II ,2000年)认为,山顶洞人头骨上的牙齿"实际上与中国型相同,而不可能是旧石器时代晚期或近代欧洲人的齿型。……实际上不大明显地保留着某些巽他型齿的性质,如同古印第安人那样"。区分中国型齿(Sinodonty)和巽他型齿(Sundadonty),主要依据以下8个特征:上内侧门齿呈铲形,上内侧门齿呈双铲形,上第一前臼齿单齿根、上第一臼齿釉质延伸,上第三臼齿呈尖形或变小或先天缺失,下第一前臼齿褶曲隆脊,下第一臼齿三齿根和下第二臼齿四尖型等。上述特征出现率高的归中国型齿类,低的则属巽他型齿类。举铲形门齿为例,中国各阶段化石人类均具铲形门齿,现代中国人则占80%左右,而印尼人则约占20%。

山顶洞人的肢骨材料上面已记述过了,不赘述。其形态特征与现代人者相似,例如股骨的髓腔径与骨干径的比数,横径50.2(男性)和43.6(女性),矢径50.2(男性)和43.8(女性),与现代人差不多,而比猿人、早期智人都要大,比我国"河套人"也还要大一些。

山顶洞人的身高是一般人所关心的。由于发现的肢骨不多，而且没有完整的，对这方面的研究有一定困难，所得结果的准确性会有一定的影响。现将魏敦瑞这方面的研究成果予以扼要摘述。与山顶洞人老年头骨一起发现的还有股骨，如上述，其形态与现代人一致。将股骨加以复原，按现代人根据人腿骨计算公式，推算出山顶洞人男性身高为 174 厘米，女性身高为 159 厘米，大体与现代华北人身高相仿，但远远高于中国猿人（男性身高 156 厘米，女性身高 144 厘米）。

山顶洞人头骨的形态特征既有一定的复杂性，又有相当多的共同性。其共同性包括整个头骨粗硕，头很长，前额倾斜，上面部低矮；整个面部在垂直方向上都有中等程度的凸出，具有中等程度的硬腭，眼眶低矮，梨状孔宽阔，其下缘呈鼻前窝型等。这些特征有的是化石晚期智人共有的特征，有的是与今日蒙古人种、特别是其中的中国人、爱斯基摩人和美洲印第安人相近的。另外，如部分低眶、宽鼻虽与现今蒙古人种不同，但与我国化石晚期智人一致。从与中国新石器时代人骨进行对比之后，似乎可以看出山顶洞人与现在中国人之间在眼眶和鼻形上存在着继承关系。此外 101 号头骨的全面高指数、102 号和 103 号的高头、103 号头骨上的矢状脊及大的横颅面指数都应该看作蒙古人种特征的表现。依上述形态特征和多项测量值，吴新智（1961 年）认为："山顶洞人代表原始的蒙古人种，而与中国人、爱斯基摩人、美洲印第安人特别相近。"

山顶洞人头骨形态特征具有相当的复杂性，它们也有一些与典型蒙古人种不一致的特征,如 101 号和 102 号头骨的颜面上部和鼻根部的水平凸出等。此外,山顶洞人还有一些特殊的形态特征,如 102 号头骨有人工变形,110 号下颌有多生门齿,上第二臼齿颊舌径特别大等,都是化石人类罕见的特征。

若将山顶洞人与现代人相比,可清楚地看到其头骨上保留的若干原始性——如眼眶低矮、泪腺窝浅、颞鳞有的呈三角形、鼓板水平轴与正中矢状面所夹的角度大、枕骨大孔朝向后方、颏孔位置较低且较后,颏部凸度较小等。

墓葬遗迹

在山顶洞发掘过程中,对各种考古遗物和人类化石及各种遗迹都做了详细的记录,据此,大体可以认定,山顶洞的下室可能是当时人的墓地。1933 年 11 月 2 日和 3 日于第 8 水平层发现 103 号和 102 号头骨,11 月 9 日发现 101 号头骨,11 月 17 日至 19 日于第 13 水平层发现 110 号山顶洞人右上颌骨。依此类推,101 号头骨应发现于第 8 水平层下、第 13 水平层上,可能与 103 号和 102 号不在一个水平层内,而后两者无论水平层位或方号 K9 或 J8 方内,可以想象是同时被埋入的。

101 号头骨发现时头顶向上,侧向左方。在头骨之后有一对残破的骨盆,盆骨之后有两根股骨,左股骨比较完整,右股骨两端都破碎了,在附近还有 1 件残破的肩胛骨。在头骨左侧附近发现了带有穿孔的海蚶壳、狐犬齿等装饰品,发现盆骨和大腿骨附近有一部分土呈朱红色，系赤铁矿粉所染的结果。在这具尸骨上部还发现一块赤铁矿。由盆骨和股骨在地层中埋藏的情况，尚可看出原来埋放的位置。

由以上情况不难看出下室原是墓地，其理由有3点：第一，在发现山顶洞人的尸骨和随葬的装饰品的地方均撒有赤铁矿粉和用此种颜料染过的装饰品，不少装饰品尚残留有红颜色。这种埋葬习俗在旧石器时代晚期是常见的，如在德国的奥伯卡塞尔发现的克罗马农人的遗骸均染有红色；我国甘肃新石器时代墓葬中，早在1925年就有这方面的记述。第二，与人骨一起发现的有装饰品，如石珠见于头部附近，而穿孔兽牙则发现于臂骨附近，显然是随葬品。第三，人骨仍然部分地处于自然状态。

在堆积中存在许多掏洞的动物化石，如多种鼠类以及獾和鼬等，这些动物的活动扰乱了原来的堆积，翻动了被埋藏的山顶洞人的尸骨，导致我们今日无法了解当时的葬仪；加之自然风化以及被鬣狗等大型肉食类啃咬，致使出土的山顶洞人尸骨残缺不全，难以对他们在抽象思维的发展及社会组织方面有更多的了解。

就目前所知，墓葬可能始于旧石器时代中期的后期，旧石器时代晚期者则更多。我国在这方面的研究相当薄弱，自1933年发现山顶洞墓葬后，至今仍无新的发现。山顶洞人墓葬在中国旧石器考古学研究中有重要意义，是我们了解当时人抽象思维的发展、社会组织、习俗、亲属制的最重要的资料。山顶洞人102号和103号发现于同一探坑和同一水平层说明，当时已存在合葬，这在欧洲旧石器时代晚期也是很普遍的，或许表明山顶洞人已有了公共墓地，3个不同年龄的人同葬于下室。若如此，山顶洞人应有较强的社会组织。山顶洞人可能有敬老的习俗，101号尸骨附近发现较多的装饰品，应是这方面有力的证据。撒赤铁矿粉习俗说明当时人抽象思维的发展。红色象征着血液，以示死者血液长流，虽死犹生，灵魂仍生活在氏族成员中间。

文化遗迹及遗物

山顶洞人遗址的文化遗迹和遗物相当丰富，品种繁多，是目前发现的中国数以百计的旧石器时代晚期遗址的出土物无法与其相比的，有些遗物在研究社会组织和抽象思维发展方面，与发现墓葬具有相同的重要意义。以下将分项记述，并对其含义进行可能的探讨。

(1) 遗迹。

在东部最上带，可能有两个不同时期被人所居住。在这一区域里，至少有两层含有文化遗物的薄灰烬层。从文化层薄来看，居住时间不长。灰烬层中发现有烧骨、灰烬和烧过的朴树子，此时的人应该懂得人工取火，但在山顶洞没有找到直接的证据。若从钻木取火的角度考虑，因山顶洞人已掌握钻孔技术，以下将要提到的那件草鱼眶上骨装饰品的孔就是钻成的，因此，若说山顶洞人已具有取火的能力恐非无依据的猜测。

(2) 石制品。

山顶洞人遗址出土的石制品很少，在被发掘的860立方米的堆积中共出土了人工痕迹清楚的石制品25件。此外，还有一些石英块和砾石，其上无人工痕迹，或人工痕迹不甚清楚。它们虽不是人工制品，但是经山顶洞人劳动搬回洞内，以作石料的储备。

①打片技术。

山顶洞人生产石片的技术已知者为两种：锤击法和砸击法，锤击产品稍多于砸击产品。

锤击石核：在《周口店山顶洞之文化》（以下简称专著）中，在砾石石器一类中有这样的记述："由山顶洞中采集到了相当数量大小不等、岩石种类各异的砾石，但是只有3件大的标本具有清楚的人工打击痕迹。"描述了两件，其一被认为是"没有完成的石器"。从其片疤的特征看，更像一件锤击石核，其上端和右侧中下部可见粗大的片疤；从边缘特征、近缘无细疤及打击方向较直等分析，它不宜成为一件砍砸器，可能类似高星的分类——简单石核。

锤击石片：数量多少不清楚，从提供的图来看，有5件。原料有燧石的和石英的，以前者为主，后者可能只有1件。从石片台面看，主要是打击的平台面，也有可见台面脊的；从破裂面看，打击点集中或比较集中，半锥体较凸，放射状线痕多密集，个别可见疤痕，破裂面平坦，少数可见疏的同心波；从背面观，均不保留自然面，个别标本台面后缘可见修理痕迹，背面片疤多是长型的，有不少是叶疤，似乎显示其有较高的打片水平。石片形态比较规则，呈三角形、梯形或长方形。现举例做进一步说明。标本1号呈不规则的三角形，台面为打击的平台面，破裂面上诸人工特征如前述，背面后缘无修理，遗有双层长型片疤，近缘的片疤打击点相当散漫。标本2号可能是一件典型的长石片（Blade），其台面很小，破裂面上有较大的疤痕，台面后缘有细致的修理，背面遗有3块叶疤，下端断残。类似这样下残的长石片在水洞沟遗址中多有发现。

砸击制品："最出乎意料的是，所谓的两极打法仍然为山顶洞人所使用。至少有1件具有这样的加工过程证据的石英标本发现于山顶洞的原生地层中，另外3件不太肯定。"在这类标本中至少有两件可归于砸击制品中。其一是略呈梯形，上宽下窄，其两端遗有清楚的因砸击而产生的剥落碎屑痕迹；标本的一面可见多块长型的片疤，应是一件典型的砸击制品。另一件通体略呈枣核形，两端可见砸痕，砸痕见于多疤的一面，而另一面则不显。这一面遗有两块长疤。这是被裴文中认为最典型的"两端石片"。它们的原料均为脉石英，类似形态的砸击制品也见于周口店第1地点和第15地点，在这方面显示出了打片技术的继承关系。

②石器。

原来的石器分类是依原料和毛坯分类，这里是按现行的分类，分为宽刃类的刮削器和砍砸器，尖刃类的尖刃器。按中国猿人石器分级，大、中型的多于小型的（依有图可测量的石器），做石器的毛坯主要是石片或断片，少数是块状毛坯做的。石器的类型包括宽刃类的单边（端）直刃刮削器、单边凹刃刮削器和两刃刮削器，单边刃和单端刃砍砸器；尖刃类的正尖尖刃器。现分述如下：

单边直刃刮削器，用石英残片加工而成，是刮削器中最大的

1件（70毫米×46毫米×24毫米）。刃口在破裂面的左侧，将左侧边修理成稍斜的直刃，系向破裂面加工成刃。整个长边都有修理痕迹，大部可见双层修疤，均为深宽型，由于打击力不均，致使刃缘显得曲折。

单边凹刃刮削器，原料为燧石；毛坯是锤击石片，而且是唯一有台面脊的标本。其刃口在毛坯左侧，系向背面加工而成。刃缘呈波纹形，由顶至末端，形成较规则的曲线；尖部微凸，稍向下徐徐凹入，而后外展至末端形成近半圆形的刃口，修疤单层，基本上是浅宽型的。从其刃口形态来看，也可归复型刃刮削器，即凹凸刃型。

单端刃刮削器是用燧石片做的。从其背面片疤看，遗有多块浅长疤，意味着当时人有较高的打片技术。标本的刃口在石片的远端，系向背面加工，修疤单层，深宽型，刃缘呈多缺口状；但所修理成的刃口稍凹而锐，刃角约为40°，刃口上看不到使用痕迹。

两刃刮削器是以石英残片为毛坯，系错向加工而成。刃缘呈波纹形，刃口为不规则凸刃，系由长短直刃相接而成；右侧刃系向破裂面加工，修理工作细致，整个长边有修理痕迹，修疤单层，均为深长型，刃缘呈波纹形而匀称，刃口为稍斜的直刃。

砍砸器都是用砾石或石块做的。标本1号是用有点风化的粗砂岩砾石做的，将其一边用交互打击法加工成刃，制成相当曲折的刃口，"这件器物可能被当作砍砸器"。另一件形体较小（47毫米×52毫米×51毫米），是1件用石英块做的单端刃砍砸器。

修理工作是向较平的一面打击的，将前端修理成凸刃，修疤单层，刃缘比较曲折，刃口相当钝。这样的小型砍砸器与出自中国猿人遗址鸽子堂石英Ⅱ层的 P.2049 号称为斧刃砍砸器的非常相像。

尖刃器是用小石英块制作成的。由于两边都比较凸，难以确定正反面，只能看作单面加工而成。其左侧中部有似砸击痕迹，上部有两块深宽型修疤，形成一个短斜刃，刃角61°。右侧有粗糙的修理痕迹，呈凸刃，中下部刃口虽曲折，但较锐，刃角为68°。上部修疤不显，但与左侧刃相交成锐尖，尖刃角为65°，可能归正尖尖刃器。有趣的是其下端也有与尖刃一样的同向修理，遗有3块浅宽疤，制成浅凹刃，刃角为63°。

③石制品一般性质。

因山顶洞石制品数量少，难以准确地归纳出其主要特征，就现有资料言，其一般性质略可见到：生产石制品的原料有石英、燧石和砂岩，其中燧石虽不是最多，但还是比较多的。打片用锤击法，也用砸击法。从锤击石片上可以看到，使用锤击法打片是比较娴熟的，其中包括典型的长石片。砸击制品为周口店遗址所常见，石器的毛坯片状者多于块状的。石器类型刮削器数量最多，其次为砍砸器，尖刃器仅1件。石器都是锤击加工的，加工方式多样，有向背面、向破裂面、错向和交互打击的；其修理工作多粗糙，亦有较细致的，修疤多单层，深宽和浅宽疤兼而有之。以上一般性质都可在中国猿人石器和第15地点石制品中找到对比的标本，显示出山顶洞人在生产石制品方面有明显的继承性，在锤击技术使用方面前进了一大步。

(3) 骨、角制品。

从山顶洞人遗址出土的骨制品既有打击的，也有磨制的。前者是一些有打击痕迹的动物的肢骨片，从其上可以看到有在裂面上再做连续加工的痕迹，有多边向外打击痕迹，并遗有多块修疤。这些修疤特征和位置基本上可以排除是敲骨取髓所产生的疤，故似可认为，在磨制骨器已大量存在之时，打击骨器仍然存在，可以作为石器不足的补充。后者和角制品一起将分别予以记述，从中可窥探其文化上的进步。

骨针1件发现于第1文化层。针身保存基本完好，从针眼向上断残，针身稍弯曲，残长82毫米，针眼处直径为3.1毫米，最大直径为3.3毫米。其形状大体保留毛坯的天然形状，经过磨制稍有改变。针身圆而光滑，针尖锐如芒。由残存的针眼看，它不是钻成的，而是用尖的石器挖、刮而成的。骨针是旧石器时代晚期常见的骨器，已在我国辽宁海城仙人洞和迁安爪村旧石器时代晚期遗址中发现过。在欧洲奥瑞纳文化中的骨针通常粗而厚，针眼不平整；到梭鲁特和马格特林时期，骨针已很普遍，骨身修长，形制规整，针眼是钻成的。中国后两地点发现的骨针与欧洲旧石器时代晚期偏晚阶段的相似，山顶洞骨针身亦是，但其针眼加工显得原始，颇似欧洲奥瑞纳文化者。

出土磨光的斑鹿下颌骨1件。其个体特大，齿列长109毫米，余者最大的齿列长104毫米，下颌骨的高度也大得多。由此看来，它是被特意选出来的。标本有断残，冠状凸和髁被砍掉，牙齿也被打掉。这些都是当时人有意而为的。其上有清楚的磨痕，或多或少扩大到所有残破的部位，从中可辨认出细而深的、无一定方向的刮痕。这样磨光的下颌骨在旧石器时代晚期似未见报道过。从其加工痕迹看，它非实用工具，可能是某种象征性的器具，反映抽象思维的发展。

另发现有刻纹的鹿角制品1件。它原是1件成年赤鹿的角，其第二叉被截掉，截断面已被磨光，主干、角环和第一叉因被刮磨而变小，或已仅存痕迹。鹿角表面沟和棱被磨掉，表面很光而发亮。在磨光面上可见相当数量的横向的波浪形起伏，它应是刮的痕迹。从这件标本上到处可观察到细而直的，常常是平行的条纹，沿眉枝或第一叉呈纵向分布。在眉枝上还可以看到若干互相平行的、更粗的条纹，也可能是刮痕。从以上痕迹，可以看到这件标本的制坯已经历了3道工序：截材→刮制断口和角干变平→打磨变光。在此基础上，在主干面上刻划图样，目前所见的有几组粗而浅的线痕，有弯曲的、曲折的或平行的。原始图形因年久风化和腐蚀已无法确定。它是一件艺术品还是象征氏族权力的"指挥棒"（Baton de connenement），难以确定。指挥棒在欧洲旧石器时代晚期比较常见，奥瑞纳者通常较小，纹饰简单，有无孔的也有穿得不好的孔的，至马格特林时期，装饰优美，有一个或多个巨孔。

（4）装饰品。

在山顶洞人遗址发现了大量的装饰品，共计141件，其中包括钻孔小砾石1件，各种穿孔的兽牙125件，穿孔的海蚶壳3件，石珠7件，有刻道的骨管（骨坠）4件和钻孔的草鱼眶上骨1件。

其丰富的程度为全国旧石器时代晚期发现的装饰品总和的 9 倍左右。以下对不同质料的装饰品的形态特征和制作过程做一简要的介绍。

穿孔小砾石：出自第 4 层，原材为扁圆的砾石，长 36.9 毫米，宽 28.3 毫米，厚 11.8 毫米。砾石的两面有磨平痕迹，其中部有一个孔，系用石器两面对刮成孔，孔最大直径一面为 8.8 毫米，另一面为 8.4 毫米。由于孔是非钻成，故不是很圆，内外周弧都是如此。在发现时孔壁尚残留红色。

各类穿孔的兽牙：完整的或基本完整的 116 颗，残破的 9 颗；可见染色的 25 颗，未见的 100 颗；依动物种类分，大型鹿的上犬齿 13 颗、獐的下乳犬齿 1 颗、可能是斑鹿下门齿 3 颗，普通狐狸上犬齿 22 颗、下犬齿 29 颗、沙狐上犬齿 3 颗、下犬齿 5 颗、野猫犬齿 1 颗、獾的上犬齿 15 颗、下犬齿 45 颗、黄鼬的下犬齿和虎的下门齿 1 颗，共计偶蹄类牙 17 颗（完整 13 颗，残的 4 颗），食肉类 108 颗（完整的 103 颗，残的 5 颗）。

穿孔兽牙装饰品常常是成群发现的，如第 2 层在不到 100 平方厘米的范围内发现 28 颗穿孔兽牙，其余的大多数发现于第 4 层。石珠则发现于 102 号女性头骨旁，可能是她的头饰。穿孔的兽牙上的孔无一是钻成的，可能用有尖的石器两面对挖而成的，有些在挖孔前曾略加磨平，便于挖刮成孔，对挖至髓腔自成孔，故孔的外周形态多不是圆的，较多的呈卵圆形。

从孔壁的特征和孔的形态可窥知其使用情况。这些穿孔兽牙，如项链之珠，穿串使用。未使用者仍留石器刮挖的痕迹，最初穿戴，由于所穿"绳"的摩擦，使孔变成圆形，孔周围变光。使用稍长时间，孔周围的部分被磨光，牙齿部分地变得光亮。长期使用的结果是，孔增大，形态变得比初始孔还不规则。孔的周围可见若干环形的沟，系长期系"绳"摩擦的结果。更有甚者，如一些鹿或狐狸的犬齿牙冠和齿根完全变得光滑，甚至因摩擦而发亮。

穿孔的海蚶壳：3件，发现于第4层，属于蚶属的一个种，每件标本的铰合部有一个大孔，两圆一方。3件标本的壳缘被磨过，但仍可见原锯齿形的边。孔既不是刮成的，也不是钻出来的，而可能是在砂岩上磨出来的。依试验，只要几分钟即能磨成孔。若在砂岩上加点水，成孔速度更快。它们发现于穿孔兽牙附近，可能属于同一串"项链"。

还有1件稍风化的淡水介壳中央也有一个孔。此孔不像发掘时或修理中意外破损所造成的，因为孔壁有风化和被玷污的痕迹，而新破裂的则是新鲜的、白色的。以此区别，它很可能是山顶洞人的1件装饰品。这件标本在裴文中的研究中作为注意事项提出，故在本文未列专项装饰品予以记述，也未记入装饰品总数中。

石珠：7件，是用灰白色钙质岩做成的，个体很小，是在修理102号头骨时附着于其上的土中发现的。石珠上被深深染上红色的赤铁矿粉，裴文中推测它是串起来的头饰。

这7件石珠大小差不多，形状为不规则的多边形。将石面磨平，至少有2件是两面遗有磨痕，石珠是钻到一定程度而打穿的，在磨平的面上可见贝壳状断口。钻孔石珠，在我国旧石器时代晚期遗物中只在河北阳原虎头梁73103地点发现过1件，而在欧洲，特别是苏联,有多处发现。

有切痕的骨管(骨坠):4件,其一出自第2层,另3件由筛土所得,层位不详,但从外观判断,可能来自第4层。骨管略呈圆柱形,中空无海绵质,很可能是某种大型鸟类的肢骨。

全部标本表面十分光洁,边缘虽磨光,但仍是不平的,呈波浪形起伏。其骨腔也似曾局部地磨光,特别是靠近两端的地方。在标本的表面可见长短不一、宽窄有异、各面数量不等割剀出来的横沟,少则1条,多则3条,各面的横沟多不对称。裴文中认为:"它们不像由于使用磨损而形成的,而很可能为了某个还不了解的目的而被人工刻出来的。"对于有刻道骨管的内壁局部有磨光痕迹,可能不是山顶洞人有意磨制的,而是"绳"穿过骨管与其他装饰品配搭成串,如项链,在佩戴过程中,"绳"与管壁发生摩擦而产生的。骨外壁的刻道,虽较简单,但由其不对称性看,很可能是一种骨坠的表面纹饰。这样的标本在欧洲旧石器时代晚期文化中屡见不鲜,既有无纹饰光面的,也有刻着纹饰的。

钻孔的草鱼眶上骨:1件。它应是一条相当大的(其大小可与一条体长65厘米、头骨12.5厘米的鱼相比)草鱼的眶上骨,边缘处穿了一个小孔,孔的内壁部分已风化,部分依旧,孔壁光滑而圆润,孔似是钻成的。如果我们认识无误的话,那么所用的石头钻具一定是细巧而锐利的。这件标本的某些部位残留红色,暗示这件标本曾用赤铁矿粉染过。

附记:在山顶洞西部的第4层中发现一种很大的真骨鱼亚纲鱼的3个胸椎和一种中等大小的鱼尾椎6节,它们没有任何被人加工的痕迹。可能由于发现于下室，即大量出土装饰品处，故裴文中推测："很可能它们是项饰的一部分，用一条线通过其神经孔把它们穿起来。"

（5）其他文化遗物。

其他文化遗物，若暂不把性质难定的有擦痕的小砾石计在内，还有两方面材料：赤铁矿石和1件染色的小砾石，其上留有当时人的人工痕迹。

赤铁矿上的人工痕迹：前面已经提到发现3个完整的人头骨附近的土被赤铁矿粉染红，部分装饰品上残留有红的颜色，暗示曾被人染色，这足以反映其用途和人将其碾碎过程的劳作。从地层中发现的赤铁矿块同样证明这一点。

在遗址中发现最大的赤铁矿块长约20厘米，发现于下室的下部。在所发现的赤铁矿块中明显地遗留被人使用的痕迹，如有两块能并对成一的赤铁矿块，其裂面上有坚硬的胶结物，表明断裂发生在其前，但在断裂面上可见纵向的平行的条痕，无疑是人类留下的刮粉痕迹。又如另一块赤铁矿石的一角，有磨光的痕迹。

染色的小砾石：1件，原为椭圆形的砾石，横径约6厘米，其上有3条纵向的红色痕迹。由于这块小砾石的原料为灰岩，其上颜色非常微弱，染色条界线又不十分清楚，因此难以排除这块砾石受天然氧化或偶然染上赤铁矿粉的可能。彩画砾石，在欧洲是阿齐利文化及中石器时代的典型器物。若能肯定其性质，则对山顶洞人遗址的断代和文化交流研究都是很有意义的。

经济形态

关于山顶洞人社会组织可供探讨的资料不多,如上述 102 号和 103 号头骨可能是同时埋葬的,暗示有合葬的习俗。从现有的记录看,老年男性上有较多装饰品,穿孔的蚶壳和穿孔狐犬齿均发现于其尸骨附近;而 102 号女性头骨附着的土中发现 7 件骨珠,可以认为是她的随装头饰。他们尸旁都有赤铁矿粉染色,这一切似可说明当时氏族成员是平等的。依魏敦瑞研究,他们都是因伤致死的,或许是在氏族械斗中的牺牲者;出于对他们的尊敬,随葬了较多的装饰品。这一切似允许推测当时已有紧密的以血缘为纽带的氏族组织。究竟山顶洞人处于母系还是父系氏族社会,从理论上说母系氏族社会可能性大一些,但现有的山顶洞人资料不能证明这一点。至于裴文中提出的原始氏族社会说,大概难以成立,因所立论材料有误,如上述石珠发现在 102 号女性的头骨上,而不是"男的头上有用石珠串作的特殊装饰品"。

关于山顶洞人文化交流的资料也不多,山顶洞人体质某些性状显示出存在基因交流。从国内旧石器时代装饰品少这一点看,山顶洞人遗址出土的大量装饰品或许可视为文化交流的证据;但它不像河北阳原虎头梁遗址出土的装饰品(13 件)那样,石制品技术和石器类型外来因素清楚,在山顶洞人石器中则得不到这方面有力的证据。山顶洞人活动范围扩大或存在交流是可以肯定的,如赤铁矿和海蚶壳等都产在数百里之外,若不是亲取,则应是通过交换而得到。在遗址里发现的一种大型的淡水介壳,"一

山顶洞人葬礼复原图

定是原始人从相当远的地方带入山顶洞中的"（裴文中，1939年）。由这些点点滴滴的文物资料，可以想象山顶洞人与外界存在文化交流，活动范围较其前扩大，甚至可能存在物物交换。

在山顶洞人遗址出土的文物中，存在许多反映抽象意识的遗物。在尸体上撒赤铁矿粉，红色象征着血液，示意氏族成员仍然活着；大量的装饰品及部分这类文物上可见红色，显示当时人有爱美的习俗，有打扮自己的意识。加之骨针的发现，表明当时人懂得缝衣，成为同自然斗争的新武器，从中也可体现出美。有刻纹鹿角棒、磨光的斑鹿下颌骨及饰红色条纹砾石的发现，虽目前还不能很好地解读其真实的意义，但似可认为它们是反映抽象思维的遗物。到目前为止，在全国旧石器时代晚期遗址中，山顶洞人遗址出土文物所反映古人类抽象思维发展的遗物是最多的。从这方面和对磨制、钻孔技术的应用可知，其发展水平与世界其他地区同时代的大体相当，是同步的，为社会向更高阶段发展奠定了物质的、技术的和精神的基础。

山顶洞人生活资料的来源可能仍然是多源的，大量的朴树子在遗址中发现，应视为采食的证据。另依附近相当层位的孢粉分析，当地有丰富的采集资源。作为采集经济组成部分的捕捞活动资源也相当丰富，遗址里发现的蜗牛、各种淡水蚌壳、蛙的化石等可说明这一点。大量的鸵鸟蛋片在遗址中发现，表明鸟蛋也是食物的来源之一。在山顶洞鸟群中，虽有大量的猛禽，但也有相当多中、小型的夏候鸟，捉鸟或捡蛋应是其经常的经济活动之一。

在哺乳动物中，最多的是虎、北京斑鹿和兔子，仅就欧洲野兔而言就有数千个个体。野兔既是猛禽和猛兽觅食的对象，更应是人类捕食的对象。在遗址里野兔化石的大量存在，可部分地说明它是被山顶洞人捕捉为食的证据。北京斑鹿也很多，虽大都发

周口店遗址出土的洞熊化石

现于下窨（完整骨架），还有几十件头骨，但大多数角已脱落。这一现象恐非巧合，可能与当时狩猎有关，或许是不同季节猎鹿的证据，还可能是其主要狩猎对象。从山顶洞人遗址出土的偶蹄类化石种类虽然不多，但多数是老幼个体，显示当时人狩猎能力仍然不强，多对这些动物的老幼个体下手。

虎是数量较多的动物之一。很难理解当时人有大量打虎的能力，虎更大可能是山顶洞人的天敌。外加豹、洞熊、斑鬣狗等大量（占整个动物群的 39.6%）食肉动物的存在，说明山顶洞人存在强劲的天敌，他们为生存斗争是相当困难的。洞熊和鬣狗等是与山顶洞人争穴的对手，这可能是山顶洞人文化层薄、未能久居的重要原因之一。

周口店遗址出土的虎化石

田园洞人探秘

田园洞人发现过程

田园洞人是生活在距今 4 万年的古人类，因其化石发现地位于北京市房山区周口店遗址以南约 5 千米的黄山店村田园林场内而得名。田园洞位于田园林场半山腰间。

田园洞人是在北京周口店发现的古人类化石，经考古分析为生存于 4 万年前的早期亚洲现代人，在形态上和 21 世纪的现代人差别很小，同时他们已经开始摄取大量的淡水鱼作为食物。

田园洞人的发现过程也十分偶然。2001 年，田园林场的工作人员在经理田秀梅的带领下寻找水源，在这过程中，发现了田园洞，当时洞口很小，只能一个人进出，从山洞口到洞内的距离大约有 10 米。人们进去后发现洞内空间较大，最内部的地方仿佛是个竖井，高度可达 6 米，洞顶有大片的钟乳石。粗略估计，山洞内的面积大约有 40 平方米。

在接下来的工程开发过程中，他们在清理地上的碎石土沙时，找到一些化石样的骨头。田秀梅知道，附近的周口店北京人遗址博物馆所在的山场子，就是由于人们挖到龙骨（古代脊椎动物的骨骼化石），叫作"龙骨山"的。后来，在洞里发现了猿人头盖骨化石。因此她意识到这些可能也是龙骨。

2001年7月10日，田秀梅与林场的法律顾问董同源携带部分动物碎骨到中国科学院古脊椎动物与古人类研究所，请求科学鉴定并通报了此批化石的发现情况。鉴定结果认为，这些破碎的化石中有鹿、猕猴等动物化石，年代比较久远。随后，中国科学院的几名专家来到这个山洞进行实验性发掘，确认洞内有不少哺乳动物化石。周口店古人类学研究中心于2002年底向国家文物局提出发掘申请，2003年5月获得发掘执照。经过国家文物局批准，2003年6月初，周口店古人类学研究中心组建发掘队，6月16日开赴洞穴进行考古发掘。

2003年8月16日，周口店北京人遗址管理协调委员会为新发现的"田园洞"正式命名，并举行了"田园洞"发掘成果展揭幕仪式。

目前，发掘工作仍在进行之中，洞穴的延伸范围、全部地层的厚度等诸多方面还有待研究，古人类化石及其层位年龄尚需进一步测试。

田园洞人化石特点

2003年6月16日，中国科学院周口店古人类学研究中心正式开始对田园洞进行考古发掘，一批包括古人类骨骼化石在内的动物化石陆续从角砾和黏土构成的原生堆积物中被挖出，悉数出现在世人面前。

目前已鉴定出哺乳动物化石26种，其中以鹿类化石为主，并有大量的豪猪化石，该地点的哺乳动物群与在周口店山顶洞发现的有些一致，有63%的物种曾出现于山顶洞动物群中；而田园洞中出现的猕猴、猪獾、原麝等是山顶洞动物群中所缺乏的。少量化石上有黑褐色斑块，疑为火烧所致。

发现人类化石的解剖部位包括：下颌骨、锁骨、肱骨、桡骨、脊椎骨、股骨、腓骨、跟骨、趾骨，其中下颌骨附多枚牙齿。此外还有几枚零散的牙齿，似属另外个体。有考古专家判断，这些人骨应为一成年男性个体，其身高应有1.6米。经中国科学院古脊椎动物与古人类研究所吴新智院士等专家初步鉴定，这些人类化石在形态上属解剖学中的现代智人。田园洞内发掘出的尸骨上有红色粉末，这是当时人类在死者身上涂撒的赤铁粉。20世纪30年代发掘山顶洞时，也有类似发现。不过遗憾的是，目前尚未发现任何头盖骨。

专家比对发现，田园洞人的骨骼特征大体与现代人相符，但也有一些特殊的地方。比如田园洞人的小腿骨比较粗壮，而现代人则明显细长些；田园洞人手指骨末端的隆起类似圆形，而现代人的则似马蹄形；田园洞人手腕的钩骨明显长于现代人，其牙齿前后的比例也比现代人大些。

2004年前后，田园洞又挖掘出大量人类骨骼。中国科学院古脊椎动物与古人类研究所的尚虹、同号文博士及美国圣路易斯华盛顿大学的埃里克·特林库斯（Erik Trinkaus）等人对田园洞人类化石进行进一步深入研究。科研人员取出大约 6 个骨骼样本送到北京大学考古文博学院进行检测。送检化石中一块为人类骨骼，其余为动物骨骼。此次科学家选用了更为精确的放射性碳 -14 检测法。获得的检验结果证实，该批化石的地质年代为 3.85 万～4.2 万年前，这是迄今在欧亚大陆东部测出的最早的现代型人类遗骸。因此，田园洞人是我国最早的现代人。

2013 年 1 月 21 日，美国科学院院刊（PNAS）发表了一篇题为《对出自中国田园洞的早期现代人所做的 DNA 分析》(*DNA Analysis of an Early Modern Human from Tianyuan Cave, China*) 的论文，介绍了对该洞穴出土的生活在 4 万年前的一个人类个体所做的 DNA 提取与分析结果。该文的基本结论是：这具人骨携带着少量古老型人类——尼安德特人和丹尼索瓦人的 DNA，但更多表现的是早期现代人的基因特征，且与当今亚洲人和美洲土著人（蒙古人种）有着密切的血缘关系，而与现代欧洲人（欧罗巴人种）的祖先在遗传上已经分开，分属不同的人群。该项研究从分子生物学角度辨识出了现代亚洲人群直接祖先群体中的一个成员，是一项重大的研究突破。

田园洞人的考古价值

田园洞遗址及其古人类遗存的发现为世界文化遗产地和国际知名的重要古人类研究基地周口店遗址增加了一个新的地点。

田园洞人是生活在距今 4 万年的古人类，考古发现地距离著名的周口店北京猿人遗址约 6 千米，经考古发掘和研究，发现了包括下颌骨和部分肢骨在内的古人类遗骸和丰富的哺乳动物骨骼。经 DNA 检测发现，田园洞人或是中国人直系祖先。

山顶洞人化石在抗日战争时期全部丢失，中华人民共和国成立后，有关部门虽经多次调查、发掘，也未在周口店发现同期人类化石。中国科学院古脊椎动物与古人类研究所前所长朱敏说，经同位素测年的初步结果表明，这次发掘的田园洞古人类化石与当年发现的山顶洞人同期，因此在一定程度上弥补了山顶洞人化石丢失的缺憾，是目前北京地区山顶洞人时期仅存的人类化石实证。

对古人类学研究来说，距今 2 万~10 万年的古人类化石弥足珍贵。因为这一阶段是现代人类尤其是东亚现代人类演化的重要时期，也是目前国际学术界研究与争论的热点。田园洞遗址及其古人类遗存的发现对东亚地区现代人演化研究具有重要的意义。同时，该遗址也为研究更新世晚期周口店乃至华北地区的古环境提供了重要的新资料。

此外，中国科学院院士陈宜瑜也表示，这次发掘工作的意义除了化石本身的意义以外，由于田园洞遗址的环境资料比较丰富，通过对这些资料的整理和分析，人们将对 2 万~3 万年前古人类的生存与行为方式有一个更深入的了解。

文化解码

周口店遗址研究史是20世纪中国科学史的缩影,它的兴衰和发展与民族命运紧紧相连。周口店遗址研究的进程,大体可分为4个阶段:①从找哺乳动物化石到以找人化石为中心的时期;②以研究文化为中心的全面发展辉煌时期;③艰难的零星工作时期;④持续发展时期。周口店遗址的研究历程虽相当曲折,但由于研究人员的无私奉献,艰辛地工作,在实践中不断地加深认识,因此,研究工作的深度和广度总是持续地向前发展,以下分阶段记述之。

科研活动

寻找化石

1918—1928年,是科考人员在周口店寻找化石的时期。

在旧石器考古调查中,发现哺乳动物化石常常是发现旧石器时代文化遗存和人类化石的先兆;换句话说,在此或附近有可能找到旧石器时代遗址,整个周口店遗址的发现也大体如此。周口店的研究工作是从发现鸡骨山哺乳动物化石地点(周口店第6地点)开始的。瑞典地质学家安特生(Andersson,J.)于1914年应中国北洋政府的聘请,来华任农商部矿政顾问,任职至1925年。他在华工作期间,主要兴趣转向史前考古学和古生物学。1918年2月的一天,他和在北京任教的化学家麦格雷戈·吉布(Gibb,J.M.)看到与红色黏土胶结在一起的碎骨片。当得知材料来自周口店鸡骨山时,引起安特生极大的兴趣。于是他于3月22日专程赴鸡骨山考察两天。

鸡骨山在周口店火车站南约2千米处。安特生到达时,他发现含化石的围岩因采石而毁,堆积得像一座古塔,矗立在鸡骨山上,他采了一些啮齿类和食肉类的化石。这次考察虽收获不大,但毕竟找到了一处他希望找到的龙骨产地，为在附近寻找更多的龙骨产地和更多的龙骨，揭开舒罗塞记述的那枚似人似猿的牙的产地之谜带来了希望。因此，周口店在他心中想必已有了一定的地位。

3年后，当奥地利古生物学家斯丹斯基（Zdansky, O.）博士来到中国拟议与安特生合作研究中国三趾马动物群时，安特生请他先去鸡骨山采掘化石。1921年8月，安特生与美国古生物学家葛兰阶（Granger, W.）一起去周口店看望在鸡骨山采掘化石的斯丹斯基。在考察鸡骨山过程中，一位当地乡民告诉他们："离这里不远处，你们在那里可以采到更大更好的龙骨。"于是在乡民的引导下，他们来到了龙骨山考察，从堆积中采到犀牛、鬣狗、熊和后来被定为肿骨鹿等化石。在考察中，安特生注意到洞穴堆积中有石英片。这是石灰岩洞中外来的岩石，令他惊异。他转过身来对同伴说："这里有古人类，现在，我们必须全力以赴地去寻找！"后来，他在《黄土的儿女》一书中记述了对这一发现意义的认识："这个地点总有一天会成为考察人类历史最神圣的圣地之一。"于是他决定让斯丹斯基留下来，继续在这个龙骨山新地点采掘化石，并把这个地点编为安特生的野外地点53号。安特生这次考察，还发现另外的化石地点，即后来编为周口店第2地点。

斯丹斯基在周口店进行了为期几个星期的采掘，采到很多化石，并于1923年发表了初步的研究报告；发现的哺乳动物化石有犀牛、野猪、鹿、水牛和剑齿虎等，此外还有啮齿目、食虫目的哺乳动物化石和鸟类化石,并明确指出堆积中有石英片。虽然这是有意义的发现,却没有引起采集者的足够注意。1921年所采集的化石中有1枚人牙,但当时可能没有被斯丹斯基认出来,在1923年的报告中并未提及。猿人化石及其文化就在斯丹斯基眼前,未能相识,耽误了数年好时光。

1923年,斯丹斯基再次在中国猿人遗址从事采掘。除在北裂隙采化石外,新发掘的层位相当于后来的地质分层的第4层至第5层的下部。他采到了丰富的哺乳动物化石,并运回瑞典乌普萨拉研究室。一直到1926年夏天,才对这批化石进行整理;从中认出1枚人牙,是1枚前臼齿,齿根残缺,齿冠保存完好。1921年发现的是1枚臼齿,严重磨耗。

周口店发现人牙化石的消息,在1926年9月底或10月初传到北京,令安特生和步达生等人非常兴奋;但当时并未立即公布,他们要选一个好时机来宣布这个古人类学研究中的喜讯。

1926年10月17日,为欢迎瑞典皇太子(即后来的瑞典国王古斯塔夫六世·阿尔道夫)访华,由中国地质调查所、北京自然历史学会和北京协和医学院等学术团体组织学术报告会。安特生在会上宣布在周口店洞穴的堆积中发现两枚人牙化石,引起与会代表的极大兴趣和普遍关注。美国古生物学家、北京大学地质系教授葛利普(Grabau, A.)给这两枚人牙的主人起了个通俗的名字,叫北京人(Peking Man)。斯丹斯基对两枚人牙做了描述,于1927年以题为《直隶(中国)一洞穴内发现的人科两枚人牙的初步报告》,发表于《中国地质学会志》上。他的认识是:"我想，这两枚牙齿没有能把他们鉴定为人属（？）更接近的了。"同期还发表了步达生写的《亚洲第三纪人——周口店的发现》一文。他指出："现在事情已经清楚，在第三纪末或第四纪初，在亚洲东部实际上生存着人或与人类十分亲近的动物"，并提到1903年记述的那枚人的牙齿与周口店发现的人的臼齿在形态上是很相似的。他还认为："周口店的发现为人类起源于中亚的假说提供了强有力的证据，给上述假说增加了新的环索。"

周口店发现人化石，使步达生异常兴奋，他的"亚洲是人类的摇篮"的观点有了化石证据。在消息尚未公诸于众前，他就已经开始为周口店的发掘研究而奔忙，决定将周口店的发掘与研究纳入他和安特生合作的中亚考察计划，将之作为一个"有联系的追加项目"，于10月5日起草一份报告给当时北京协和医学院的负责人胡顿（Houghton, H.S.），提议由洛克菲勒基金会资助发掘周口店和筹建一所体质人类学机构。接着，他找地质调查所翁文灏所长协商有关合作研究周口店事宜。双方采用交换信函的形式，几经商讨，于1927年达成合作协议。目前所见这份共两页的打印稿的第一页右上角有步达生写的"由翁文灏起草"（英文）一行铅笔字和1927年2月14日（英文）钢笔字。此前的1月3日步达生接洛克菲勒基金会来电，同意给周口店拨款24 000美元。

《中国地质调查所和北京协和医学院关于合作研究华北第三纪及第四纪堆积物的协议书》（原文为英文，中译采自贾兰坡、黄慰文著的《周口店发掘记》），共分4款，如下：

第一款：设立华北第三纪及第四纪化石堆积物研究专门基金。

由洛克菲勒基金会赠予二万四千美元作为到1929年12月31日为止的两年期间的研究专款。中国地质调查所将由它的研究经费中拨出四千元，以补贴这一时期的用费。本项目的一切开销得提请合作双方的负责人批准。本合作项目的宗旨，是寻找和研究早期人类化石和同时代的动物化石，但不涉及晚期文化的研究，尤其是历史时期的文物。在考察过程中意外发现的历史时期的不管何种文物，将交给适当的中国博物馆。

第二款：北京协和医学院解剖科主任步达生博士在双方指定的其他专家协助之下负责野外工作。二至三名受聘并隶属地质调查所的古生物学家专门负责与本项目有关的古生物研究工作。此外，双方应以其现有的人员给予本项目以任何必要的援助。

第三款：一切采集到的标本归中国地质调查所所有，但人类学材料在不运出中国的前提下，由北京协和医学院保管以供研究之用。

第四款：一切研究成果均在《中国古生物志》或中国地质调查所其他刊物上以及在中国地质学会的出版物上发表。

经翁文灏和步达生等人的努力，周口店系统发掘工作于1927年正式付诸实施，中方合作项目名誉主持人为地质学家、中央研究院的总干事丁文江教授。这一年的野外工作从3月27日开始，正式发掘始于4月16日。这一年派到周口店工作的有4人：李捷，中国地质调查所地质学家；步林，由维曼教授推荐的瑞典古生物学家，负责古生物研究和发掘事宜；刘德林，技工，担任周口店野外工作的技术和修理化石工作；谢仁甫，办事员。

在发掘前，由李捷负责测绘遗址地形图，比例为 1∶2 000，至 4 月 12 日完成。此时测绘区只限于龙骨山地域，至夏天，向东扩大到云峰寺及房山县城一带。

中国猿人遗址，在 1927 年正式系统发掘时，将原安特生编的第 53 地点改称周口店"第 1 号洞"。根据翁文灏和步达生拟定的第 1 号洞 1927 年的工作任务有 3 项：①对遗址做一次系统调查，清除地面乱石堆；②把悬在半空的角砾岩炸下来；③对保存的原生洞穴堆积进行系统发掘。

这一年的发掘部位选在堆积的中段，大体上在北裂隙偏西地区。发掘区东西长 17 米，南北宽 14 米，往下挖发掘面稍变窄，发掘深度约 20 米。发掘工作于 10 月 18 日结束，挖去堆积约 3 000 立方米，获得化石 500 箱。最有意义的是于 10 月 16 日由步林发现了 1 枚保存完好的人牙化石。这是 1 枚左下第一臼齿，形态特征与斯丹斯基发现的那颗臼齿基本相同。步达生依这枚人牙和以往发现的两枚牙齿的形态特征和其在地理分布上的意义，建议建立人科一新属新种：*Sinanthropus pekinensis Black and Zdansky*，最初中译为"支人北京种"（李济译）。大概在 1930 年，可能考虑到其形态特征等因素，在中文文献中出现"中国猿人""中国猿人北京种""北京中国猿人"等名称。依目前的分类，应称"北京直立人"或"周口店直立人"，也有人因他是当时最古老的人类，借用地史上最古老的震旦纪一词，称之为"震旦人"，至今仍有人喜欢用葛利普取的通俗名称"北京人"。这一年李捷和步林在龙骨山上发现两个新的化石地点，即 1929 年编的第 3 地点和第

4地点。

  1928年发掘区在1927年东面,为长20米、宽12米的探方。发掘工作于4月下旬开始,至5月下旬,因内战被迫停工;至8月底,局势趋和缓,发掘工作恢复,一直工作至11月25日。这一年由于李捷另有任用,周口店发掘工作由刚从德国取得博士学位的古生物学家杨钟健接替。从北京大学地质系毕业不久的裴文中参加周口店工作,作为杨钟健和步达生的助手,主要负责管理工人和账目,并商准两先生同意,也参加野外发掘工作。裴文中经短时的努力学习,很快在发掘工作中显示出他的科学研究的潜能,被称为"步林喜欢的助手"。

  这一年的发掘挖掉堆积物2 800立方米,得化石575箱,发现了多件人类化石,在所得人化石方面是前所未有的丰收。步达生自1927年底返回加拿大,有大半年时间在欧美活动,为周口店发掘争取到4 000美元的追加款,与著名学者讨论中国猿人新属的建立问题。由他1928年3月给丁文江的信中可知,他获得较大的成功:"我非常高兴地说,他们似乎同意我全部的结论。"虽然步氏1928年上半年人不在中国,但仍是为周口店遗址研究奔忙着。有关周口店遗址研究的大决策,由翁文灏和胡顿共同商定。

  周口店第一洞的首期两年的系统发掘,如上所述规模很大,挖掉了近6 000平方米的堆积,得化石1 000多箱。依后来的地质分层,至少挖完了第6层,部分涉及第7层。这些地层中含有丰富的石制品和用火遗迹,并没有引起当时主持发掘工作人员的注意，被当作无用的废弃物倒掉，损失是可想而知的。尽管在3年后从原挖出的堆积中回收一部分石制品，但其数量和科学价值的损失仍是较大的。这可能与主要集中注意力找人化石有关，也可能与工作人员前后不连贯有关；注意过石英片存在的重要性的安特生和斯丹斯基没有参加工作，负责发掘工作的是地质学家或古生物学家，工作中有失偏颇，亦是在所难免的。

文化研究

1929—1937年，是科考人员研究周口店遗址文化的时期。

这个时期发现了周口店第13地点、第15地点和山顶洞人遗址及多个化石地点。无论是周口店第1地点还是其他旧石器时代文化遗址的发掘规模都是空前的，用工多时达百余人；出土的人类化石及旧石器时代文化遗物、遗迹之丰富程度是前所未有的，也是此后无法与其相比的。研究工作硕果累累，出版了十多本专著和数十篇论文，为中国古人类学和旧石器考古学的发展打下了良好的基础，使中国旧石器考古学步入了一个新时代。中国科学家在其中的作用逐步增加，直至起到主要作用，开始建立符合中国旧石器考古学实际的类型学和工艺学。

1929年在周口店遗址研究史上是永难忘怀的年份。是年，步林辞去周口店工作，杨钟健和德日进（P.Teilhard de Chardin）到山西北部、陕西西部和内蒙古南部调查新生代地质，周口店发掘工作由裴文中业务、行政一肩挑。如他自述："步达生、德日进和杨钟健指示毕,走后,山中顿觉岑寂。这一年从第5层开始发掘,堆积物胶结极坚硬,曾想可能是洞底了;发现化石不多,颇有鸡肋之感。但挖过这一层,沉积物变得松软,化石也很丰富,一天内得肿骨鹿下颌骨145件。"春季工作挖至第8层至第9层而停工。在春季发掘中得到了一些中国猿人牙齿等化石。

秋季工作从9月26日开始,由第8层至第9层向下发掘,发掘面渐渐地变窄。于12月2日下午在所谓的"下洞"中发现了中国猿人第一个完整的头盖骨,成为20世纪科学史上最激动人心的事件之一。对其发现经过,裴文中有详细的记述,摘其精彩段落于后:

"到了秋季工作开始,开掘的部分,渐渐缩小,沉积的体积也渐渐狭窄了。在我想来,可以找见底了,工作也可以结束了。但是窄到无可再窄的地方,忽又发现出洞来,计自洞口至山顶将及三十余公尺。新的洞口,就是所谓猿人洞,洞口至洞底又有十余公尺深。"

"从山顶望下去,见猿人洞洞口之深,及峭立的绝壁,已有些令我们害怕。其实这都是我们一寸一尺地移去,土和石都是我们一筐一筐地抬出。现在看来猿人洞很深很大(最近更因雨水冲积及悬崖落石,已不能下去了),当我们初开的时候,只是仅能容人的小孔。并且一部尚为沙土所填满,仅有一个薄隙。当洞口方露出的时候,我们不知深浅,于是我同一个工人一同下去,腰上用绳子系好了,上边用许多人拉着绳子。我觉得我既负这开掘的责任,就应当身先士卒,正如打仗一样,将官若退缩不前,最好这仗不必打，打也必败。我下去之后，见洞内化石非常之多，高兴极了。那时已到十一月底，天气冷了，应当停工了，然我决定再继续几天。这正与古诗上所云：'山重水复疑无路，柳暗花明又一村'一样。"

"开掘猿人洞的第二天，在十二月二日下午四时余，竟自发现了猿人头骨，我的运气真好！猿人头骨一半在松土中，一半在硬土中，那时天色已晚，若加细工作起来，我怕到晚上也掘不出来。但是我不放心，脑筋中不知辗转了多少次，结果决定取出来，用撬棍撬出。结果呢，头骨一部分被震动而破碎了；这样结果，又使我很后悔，然已悔之不及。但是这个机会，却使我知道中国猿人头骨的厚度，我们现在的人，头骨比较很薄，而猿人头骨异常的厚，若说猿人是人，真冤枉！从这一点看来，他真不像人。"

这一年是开始注意研究文化遗存的年份。裴文中在德日进的启迪下，在发掘工作中，开始注意寻找文化遗物和遗迹。他在这一年里采到一些有颜色的碎骨和破碎的鹿角，把它们看作可能是燃烧物的证据。1929年裴文中发现了几个新的化石地点。基于化石地点增多，有必要加以清理，以便工作；依所发现地点的重要性、发现前后和与所谓第一洞的距离三方面考虑，依序将所发现的化石地点编为第 1 地点至第 9 地点。中国猿人遗址为第 1 地点，裴文中新发现的为第 5 地点、第 7 地点至第 9 地点，第 1 地点和第 2 地点系安特生等发现，第 3 地点和第 4 地点为步林和李捷发现，第 6 地点为安特生发现。

为了适应周口店遗址的新局面，步达生、翁文灏和丁文江等领导人于 1928 年冬开始磋商，考虑用一项新的、内容更广泛的合作计划，取代将要到期（1929 年 12 月 31 日）的周口店遗址的研究计划。新计划预期时间为 3 年半。他们开列了 1929 年度至 1932 年度工作细目和财政预算，总额为 11 万元，执行新计划的组织机构就是即将诞生的中国地质调查所新生代研究室。1929 年 4 月 29 日，中国政府农矿部批准了翁文灏和步达生拟定的《中国地质调查所新生代研究室组织章程》，新生代研究室算是成立了。这个以研究古人类为主要宗旨的专门学术机构，在当时世界上是十分罕见的，对周口店遗址研究有着非常重要的意义。当时确定的领导人员有：丁文江博士领新生代研究室名誉主任衔，步达生为名誉主任，杨钟健为副主任。

其实，在发现中国猿人第一个头盖骨前，已经发掘过一具相当破碎的裹在堆积物中未被发现的中国猿人头盖骨，后来（1930 年春）在修理室中被修理出来。裴文中自责说："我无论如何也不能不承认我的疏忽。"据推测这个中国猿人头盖骨发现于第 8 层至第 9 层的下部，定为猿人丁地（Locus D），其具体位置在所谓"猿人洞"（下洞）上约 3 米处。这个头骨虽破裂成许多块，经技工黏结，是一个相当完好的头骨。

1930 年，由于上年发现了中国猿人第一个头盖骨，迫切需要搞清第一地点的洞穴的南部界线，清山找界工作由此开展。在这过程中意外地发现山顶洞人文化遗址，可能是由于其时间比较晚，是唯一的一处未被编入周口店化石地点的地点，以其所在位置命名。

因为发现了猿人的头骨，其重要性更显得突出。为了保存龙骨山，很好地研究，而不致因灰厂的采石而遭到破坏，翁文灏决定由中国地质调查所购买其地产，永久保存。于是由裴文中等负责经办购山事宜。他与鸿丰厂和常姓地主交涉3个多月，议定地价为4 900元，经翁文灏同意，划定地界，立了契约。从此以后，龙骨山地产权永归地质调查所所有，并由地质调查所致函河北省政府，请求备案，并转令房山县保护。

这一年发掘工作主要在"猿人洞"进行。在发掘中除发现大量的鬣狗化石和中国猿人下颌骨等化石外，有意思的是从地层堆积中采到了一些石制品。在1932年的论文中对此有这样的记述："一块有清楚打击痕迹的石英块由工人们采自下洞交给了裴。"在整理中国猿人石器时，现存的有4件标本，均标有L.C.（下洞的英文名的第一个字母）字样。其中最详细的一件有记录的标本是P.3416号，标本上写有30∶10∶5, Loc.1, Lower Cave，无误地记录了是1930年发现于下洞。由于下洞有10多米深，发掘运土都很不方便，并时不时有乱石下坠，对发掘安全不利，为使下洞能与其他部分堆积连通起来，是年由鸽子堂底向西开掘。这一年也对第9地点进行发掘，发现了一些哺乳动物化石，后来，步日耶从碎骨中识别出有人工砸痕的标本。

这一年对用火遗迹的研究也有新的进展。德日进于年底将标本（有色的碎骨和鹿角）带至巴黎，先给步日耶看。步日耶从宏观上肯定是被燃烧过的，应是用火的证据。为慎重起见，德日进请巴黎博物馆矿物研究室戈贝尔（Gaubert）博士做化学分析。

将标本加盐酸和硝酸煮之,磷酸钙和碳酸钙溶解,留下黑色残渣,证明此黑色物质不是铁、锰的氧化物。将黑色物质置于酒精灯上燃烧,黑色物质消失,证明它是碳。将用盐酸煮后留下来的残渣,再用含重铬酸钾的硫酸煮沸,则残渣完全溶解,由此结果也可说明黑色残渣是碳。这一系列研究,显露了研究中国猿人文化的曙光,已经接近打开这座远古文化宝库的大门。

这一年发表了许多研究报告。步达生简要地报告了第一个头盖骨的初步研究。德日进和杨钟健对周口店遗址及附近的地层作了初步的总结,记述了第 2 地点至第 9 地点以及上下砾石层,首次发表了第 1 地点的地层剖面,将总厚度为 33.8 米的堆积划分为 10 层,并将其分成三部分:上部(第 1 层至第 3 层)由上角砾岩带构成;中部(第 4 层)为厚的沙质层;下部(第 5 层至第 9 层)系由下角砾岩带所组成。对于第 1 地点的时代,依哺乳动物群的性质,由于其缺乏黄土期常见的种,如披毛犀、原始牛和最后鬣狗等,也没有泥河湾组古老的种,如三趾马等,"因此,周口店动物群可能是华北真正的下更新世动物群"。这一年,杨钟健完成了第 6 地点化石的研究,发表专著,刊于《中国古生物志》上。此外,裴文中还报道了中国猿人第一个头盖骨发现之经过。

在 1930 年以前,有关周口店遗址的研究成果,都是用英文发表的。由于发现了第一个头盖骨,国人普遍关注此项研究,考虑到要让国人了解这项工作的意义,扩大影响,杨钟健、裴文中两位先生首先用中文介绍周口店遗址研究成果。如杨钟健写的《周口店之化石堆积》和裴文中写的《中国猿人化石之发见》均发表于是年出版的《科学》杂志上。在以我为主的方针指导下，他们做了一件有益的工作，带了个好头。

1931年，周口店遗址文化研究有了突破性进展，是撞开中国猿人文化宝库大门的一年。

为使鸽子堂与下洞连通，于1931年对鸽子堂进行了发掘。原目标并未实现，却得到了意外的收获。在清理掉浮土后，就发现一层富含石英制品和化石的红黑色土；7月，又在其下发现另外的"石英层"，前者称为石英Ⅰ层，后者称为石英Ⅱ层。在此层内还发现生活面，其上有火堆遗存，人类在此生活已无疑问；但由于石英制品的人工痕迹较之燧石者比较难以辨识，故不乏对石英制品的人工性质持怀疑者。

由于当时对"生产石英工具的技术没有进行过广泛的研究"，裴文中为说服持怀疑论者，他一方面将地层中发现的石英制品与自然破碎的石英块做对比研究，区分出它们之间的差别；另一方面做石英制品的打击试验研究，指出人工者的共性，即有连续打击的痕迹。裴文中的研究工作得到1931年秋应邀来华访问的步日耶的肯定。接着裴文中撰写论文，介绍了他的研究，并描述了几件从地层中出土的石英制品。该研究论文于这一年出版的《中国地质学会志》上发表。裴文中在论文的结论中指出："从石英Ⅱ层发现的石英石器和其他原料的石器必定是在早更新世或更新世制作的。因此，在这个遥远的时代的东北亚，以中国猿人为代表的人类，显然既懂得了用火，也掌握了粗糙石器的制造技术（Pei，1931年）。"

关于用火遗迹的研究也有了新的进展。除上面已提到的火堆遗存外,还发现了大量的烧骨、烧石和烧过的朴树子。在石英Ⅰ层还发现紫荆木炭,并将出自石英Ⅱ层的"黑土"(灰烬)送请协和医学院药物学系里德(Read,B.E.)博士再次做化学分析。"将黑色土与氧化铜共热,把放出的气体导入石灰水中,得到大量的沉积物,但通过二氧化碳后,沉淀物被溶解,证明黑土中含有相当数量的碳"。至此,如步达生在《中国猿人用火遗迹》一文中所说:"中国猿人懂得用火已经清楚,是毫无疑问的事了。"

这一系列研究成果公之于世,以丰富而确凿的事实说明,周口店第1地点既不是简单的哺乳动物化石地点,也不是单纯的人类化石地点,而是旧石器时代早期的文化遗址——中国猿人文化遗址。周口店遗址从此敞开它远古文化宝库的大门,迎接来自八方的"朝圣"者,安特生曾预言的意义至此时也得到了实证。

在这一年里,除上面已提到的论文外,步达生还发表了多篇研究中国猿人化石的论文。裴文中撰文探讨了周口店化石堆积的年代,完成了第5地点哺乳动物化石研究,刊于《中国古生物志》上。此时,周口店野外工作条件也有所改善,科考人员结束租住"刘珍店"的历史,进入春季盖好办公室里。前院是三合房,共9间,为办公室;后院有房6间,供技工们寄宿。

这一年在周口店遗址研究史上还值得一提的:是年裴文中由一位地质古生物学家向史前考古学家转变。如裴文中自述,"因有此石器的发见,及研究这种石器的困难(指石英制品人工痕迹难以辨识),我不能不开始学考古学,最初从李济之先生(济),

后又有法国考古学家步日耶教授来平,我又从他学习。"(裴文中,1934年)步日耶应邀来华的目的是验证周口店石制品的性质。他考察后,肯定所发现的石制品的人工性质,赞许裴文中所采取的研究方法,向翁文灏表达了坚收他为徒的意向,翁氏原则上赞同。步日耶将他的考察结果在中国地质学会例会上做了演讲,并以《周口店石、骨工业的意义》为题撰文,发表于《中国地质学会志》上。

1932年,在周口店遗址研究史上,有两件事情特别有意义。其一是对周口店遗址的发掘方法进行改革,由原来的古生物发掘的方法,改为考古学的发掘方法;其二是对历年积存下来的和从1928年以前发掘的堆积中回收的石制品进行初步的系统研究。

在1932年以前,周口店第1地点的发掘,如裴文中所言,"真是太无'方法'"。在划定发掘区后,即开始挖,软处用镐挖,胶结坚硬者则用炮炸。其结果是好挖地方成深坑,向坚硬难挖处堆积,高高隆起,杂乱无章,所得化石,有时忘了来自何处、出自哪层,所写号码完全失去意义。自从发现石制品以后,裴文中曾屡次与步达生谈,建议改变发掘方法:"我闲着无事时,也常计划,应该怎样的开掘,以免失去考古学上的意义,或失去考古学上的重要记录。"改革发掘方法意向得到步达生赞同后,科考人员就开始了"工作方法的一次大的革命"。

新的发掘方法是采用探沟与开方相结合的办法。具体做法是挖1.5米宽的探沟,深度为5米。在搞清探沟的地层基础上,在发掘区内打格分方,每方为9平方米。这一年的发掘在东坡和鸽子堂洞顶迤南的地方，共在两层开方；开了一条东西向的沟，在东坡留下了一条深沟。这年发掘方法改革初见成效，实际效果主要是训练了技工，使其适应了新的发掘方法，画了几张图，出土了几十件石英制品（标有 E.S. 字样）。

德日进和裴文中对 1931 年在鸽子堂石英Ⅰ层和Ⅱ层发现了大量的石英和其他岩石的石制品、1930 年发现的几件石制品，以及 1928 年及其前发掘出来的堆积中回收的石制品（据裴文中说，标本上标有 L.3 字样属回收者，在《中国猿人石器研究》中计 585 件）进行了系统整理和研究，发表题为《周口店中国猿人之石工业》的论文。

在该文中，以灰烬层为标志，划分出 3 个文化层：A 层指整个第 4 层（灰烬层）；B 层指鸽子堂石英Ⅱ层上的两个薄灰烬层 [依次年发表的《中国原人史要》(Fossil Man in China)，剖面为第 6 层下部]；C 层指鸽子堂石英Ⅱ层中的灰烬层。这篇论文的研究材料主要是石英Ⅱ层出土的石制品，故对文化层 C 的记述最详。

这篇论文对中国猿人石制品进行较详细地分类，分为三大类。第一类是打击砾石，可再分为三型：Ⅰ型是长方形砾石，并指出可能是砍砸器；Ⅱ型是截端砾石，可能被当作砸击工具或石锤；Ⅲ型是砍砸器，再分为三式：Ⅰ式是加工粗糙的；Ⅱ式是修理把手的；Ⅲ式是刃口上可能被修整过的。第二大类是石英石核，指中等大小或小型的、其上有片疤的石英块，依其形态可再分为盘状的和锥状的。第三类指刮削器，再分为直刃、凸刃、凹刃和复刃；尖刃器也被归入刮削器类内，依尖刃位置再分为正尖、喙状尖和角尖,并指出与莫斯特尖刃器有明显的不同。在打片技术方面,指出存在锤击法和砸击法,这两种方法也用于石器的加工。

作者对中国猿人文化总特点提出如下3点:①在C带未见加工精致的石器,例如没有能与法国莫斯特文化的石英层出土的最好的石器进行对比的标本;②工具的"修整"情况一般是没有或很粗糙,大多数标本与其说是修理加工成的,毋宁说是使用的结果,但从石器情况可见中国猿人已懂得修理把手,大多数"尖刃器"可以解释为是尖石片使用的结果;③尚难肯定骨工业的存在,当然人工打碎的、有刻痕的碎骨和烧骨是很多的,但鹿角上的似磨痕和破碎的痕迹像系统使用痕迹,在任何含哺乳动物堆积中均可发现。

对于中国猿人石器工业的总性质,作者指出:以砍砸器和似细石器在一起的周口店工业,在中国至今(当时)是一类独一无二的、有鲜明特点的文化类型。诚然,这些石器的若干相似性,是容易从其他大陆发现的砍砸器和刮削器中找到的。

最后,作者对周口店石工业提出三点总结性的意见:①周口店洞穴堆积比中国的黄土期要老,晚于三门系和泥河湾层,属早更新世时期;②周口店地点诸文化层,把含中国猿人化石的角砾层看作简单的地层上的和古生物上的一个整体;③就文化上而言,中国猿人可看作旧石器时代旋回的一个早期代表。

这篇论文对中国旧石器考古学的发展有着重大影响,若干术语、类型等因其符合中国旧石器考古学的实际,长期被采用。但现在看来,这篇文章也有其不足的一面:对中国猿人石器制造的能力估计偏低,对其原始性过分强调,特别在石器的修整技术方面,有失偏颇,认为其修整技术"几乎没有或很粗糙"。当然,作者看到了中国猿人文化的发展仍是十分有意义的,对中国猿人石器的研究富有指导性,这篇论文虽有不足之处,但瑕不掩瑜,在中国旧石器考古学研究的文献库中永远是一篇有意义的论文。

通过这一年对龙骨山周围开展大规模调查,科考人员改变了对第 15 地点的看法。科考人员在发现周口店诸地点之初即已知晓这个地点,仅把它看作是不重要的含化石的袋形穴;经 1932 年较深入的调查,才注意到它是一处堆积厚、含化石丰富的地点。

1933 年在周口店遗址研究史上是很重要的,是年出版了一本遗址综合研究的专著:《中国原人史要》(*Fossil Man in China*);发掘山顶洞人文化遗址,野外发掘方法和记录方法走向细密化和规范化;发现周口店第 13 地点,并于 11 月 17 日开始发掘,当年工作了 33 天;次年于 4 月 24 日起,至 7 月 1 日止,先后共工作了 68 天,取得丰硕的结果。第 13 地点在当时被看作比中国猿人遗址早的地点。此外,在第一地点,对堆积物运输进行了改革,革除用人挑肩扛的笨重低效劳动,实现了机械化,使运土石的工作效率提高了 30 多倍。

如果说 1932 年改革的发掘方法还比较粗的话,到这一年(1933 年)发掘方法已有较大提升。是年,在发掘山顶洞时,裴文中考虑到属于旧石器时代后期,又想到欧洲这个时期遗址有些文化层厚度不到一米,考虑到"我们这开挖工作,若稍微大意一点,恐怕把这文化层次都马虎过去。我决定,开掘时,以每一平方公尺为一方，以半公尺为一层。每个技工管辖两公尺宽的地方。我们开掘的时候，绘画五十分之一的详图（注：指平面图）。每隔二公尺有一个南北剖面图，每掘半公尺，画一张平面图。凡是人类的遗物及其他各种重要化石及重要的地质上的观察结果，都画在图上，我们每天从不同的三点（绘图），更照相三张，是为记录照相"。经此进一步改革，与1932年探方与打格相结合的发掘方法相比，则要细得多了，特别有意义的是那4套记录：工作日志——文字记录、绘图记录、照相记录和标本上记录的地点号、发现年、工作日序号、方号和水平层号，如 UC：33：111：J6，对恢复出土物在地层中的情况有重要意义。这样的细密和规范的野外发掘方法和记录方法，在当时的史前考古学中是很先进的，这些野外工作方法至今仍被延用，可见其影响之深远。正如翁文灏指出的："即就我们采掘方法而论……其实也是不常见的细密与伟大，所以周口店的采掘也是世界科学中一件大事。"

《中国原人史要》是对1933年以前周口店工作的总结，简要地对周口店以外的旧石器时代文化和人化石做了记述，并讨论了当时提出的一些问题。全书由3个部分组成，第一部分为周口店堆积和华北晚新生界地层；第二部分为中国猿人化石和华北其他人类化石节略；第三部分为中国猿人文化遗存和华北其他古文化述要。此外，在翁文灏所长撰写的前言中，介绍了作为地质调查所的一个特殊部门——新生代研究室的成立宗旨、时间和当时的工作人员[步达生，名誉主任；德日进，顾问和共同研究者；杨钟健，副主任（或助理），古生物学家；裴文中，古生物学家，周口店野外工作负责人（主管）；卞美年，助理］。

在第一部分里，首先扼要地记述了周口店遗址的发现、发掘和研究史，其次把全部第 1 地点的堆积分成 11 层，较德日进和杨钟健发表的剖面多了一层。实际上，当时书中已记述了后来划分的第 12 层，"在所达到最深的层位，沉积物变粗，含相当丰富磨圆的骨化石和牙齿以及小砾石"。进而讨论各中国猿人化石点所属的层位，最后依古脊椎动物化石探讨了周口店洞穴堆积的年代。在记述周口店哺乳动物化石（列名 87 种）和在与华北泥河湾期和黄土期哺乳动物群对比的基础上，作者认为周口店含化石堆积的时代早于上更新世（黄土期）而要晚于晚上新世（三门系）。但作者同时指出疑问："它是否代表整个早更新世和中更新世或只是其中的某一时段，如是后者，则究竟代表哪一部分，这些问题目前难以准确地回答。"

在第二部分，该书较详细地描述了已发现的中国猿人各部分的骨骼，指出牙齿硕大，其结构具有森林古猿型，并认为牙齿与爪哇猿人有所不同，非从其演化而来；下颌骨有与现代人相近的特征，也有若干原始性；对头部骨块均有较细致的描述，并认为颞骨较接近现代人；对脑内膜进行研究，认为其结构与现代人比较接近，并推论中国猿人已有语言，常用右手劳作；对肢骨的研究，其形态与现代人差别不大，并将 1903 年舒罗塞记述的人牙归于中国猿人属。同时书中还介绍了河套人牙化石，也记述了第三纪后期一些高等灵长类化石，如发现于内蒙古南部的上新猿等。

第三部分主要是记述中国猿人文化。除对用火遗迹的研究成果做扼要的论述、对石制品做进一步描述外，作者还讨论了谁是石器制造者的问题和有关骨器的问题，文末还简单地提到了新石器文化和可能是中石器时代的文化遗物。这些遗物是由美国自然博物馆纳尔逊报道的，发现于蒙古中部固定的沙丘中。

石制品研究的成果是对 1932 年论文成果的继续和深化。在文化层划分、石制品分类和加工技术等方面大体与上年发表的论文无甚大的差别，惟分类方面，将尖刃器（Pointed imprement）从原归刮削器类中分出来，独立地自成一类。对石制品的总性质归纳为 8 点，如没有手斧；做石器既有用整砾石的，也有用石片的；从外形看，有些类似莫斯特文化，但难以和欧、亚其他旧石器工业进行对比等等。此外，书中还得出一点很有意思的结论："周口店中国猿人文化是中国境内真正的、最古老的一种文化，它是这个地点以外未见报道的一种旧石器文化。"由所列举的特点和这段文字，似可揣测，德日进和裴文中可能已萌发了东、西方旧石器文化不同的观点。

为什么在这本书中要讨论谁是文化创造的问题？这是针对法国人类学家步尔（Moule, M.）的观点而提出来的，步尔认为在周口店第 1 地点存在两种人，能制造和使用石器及懂得用火的代表一种进步的人，在堆积中发现的中国猿人化石代表一种原始的人，后者是被前者猎入洞内的。该书从两方面批判了上述看法，其一是所有猿人化石、用火遗迹、石制品和大量的哺乳动物化石在同一地层中发现；其二，已挖堆积达数千立方米，并没有发现假想的进步人的化石，进而提出："所有已得到的可靠的事实使我们相信，中国猿人自己是在周口店洞中用火和生产石制品的人。如上所述，中国猿人的解剖特征无疑可把它鉴定为人科、人属。这样的体质构造使他蕴含着工业的能力，是一个'匠人'(Faber)。"

关于是否存在由步日耶提出的在周口店堆积中的骨、角器问题，该书作者持慎重态度，并提出解决此问题的两点意见："①对肯定没有人类活动的化石地点的化石进行特别的研究，以便了解自然破碎的骨骼都能分出什么样的类型；②很好地采集出自文化层需要研究的骨骼，尽可能避免标本再次遭到破损。"这些研究旧石器时代打击骨器的意见，虽还欠全面，但是可取的，有一定指导意义。

总括《中国原人史要》各方面成果，可以这样说，它为中国的古人类学、旧石器考古学、第四纪生物地层学的发展奠定了初步基础，是一部奠基性和里程碑式的著作，对中国乃至世界范围内上述学科的发展都产生着良好而深远的影响，至今仍是必读的书目。

1934年发掘方法略有改进，每方为2米×2平方米，每厚1米为一水平层。第1地点发掘工作从顶开始，主要发掘区在1927年和1928年发掘区的南边未开掘的地方，即后来被称为Locus H地，以及东西两侧相连部分；发掘层位是第1层至第3层，部分达第4层至第5层堆积，从中发现大量的石制品、丰富的用火遗迹和很多哺乳动物化石，还发现多件中国猿人化石，有头骨（残片）、下颌骨（残）和牙齿。Locus H地发现的石器，用燧石为原料者较多，石器加工精致亦较习见，显示出文化上明显的进步。

这一年还对山顶洞遗址的下窨部分进行了发掘，同时，继续发掘第13地点，挖掉堆积的一半而终止。这两地点本年均发现了丰富的哺乳动物化石，后者还找到少许文化遗物。

1934年，研究成果也颇丰硕，科考人员发表了多篇论文和专著，重要的有杨钟健撰写的专著《周口店第1地点食虫目、翼手目、啮齿目和除中国猿人化石外的灵长目化石》（英文）、裴文中撰写的《周口店第1地点食肉目化石》（英文）和《周口店洞穴层采掘记》（中文）等，后者是继杨钟健1933年发表的《中国人类化石及新生代地质概论》之后又一介绍周口店研究成果的中文专著。这些专著为研究第四纪哺乳动物提供了一批有价值的科学资料；后两本书也成为国人了解周口店遗址之重要性的有意义的读物。

对周口店遗址研究来说，1934年是难忘的。这项工作的卓越领导人、人类化石研究者步达生博士于3月15日夜因先天性心脏病复发，猝逝于他的办公室。他一生留下了丰硕的学术著作，从1913年到1934年发表《中国猿人发现、形态和生活环境》止，共发表56篇文章，其中关于中国猿人化石及相关材料研究的论文多达20篇。对他在科学上的贡献，这里引私立北平协和医学院（今北京协和医学院，以下简称协和医学院）教授委员会1934年5月8日通过的备忘录上的一段话："我们失去了一位卓越的同事。他在科学上的辉煌成就使本学院增光。他在北京人方面的研究已使他名扬四海，而这一工作在今后将仍然是对早期人类历史研究的重大贡献。"

这一年，步日耶再次来华，研究中国猿人石器和骨、角器。对于中国猿人石器，据裴文中回忆，他曾写过一部英文稿子，但不知什么原因没有出版。我们在中华人民共和国成立后，研究中国猿人石器的文献中，始终没有见到过这部稿子，详细内容不得而知，但对中国猿人石器的复杂性和产生的原因他曾作过一些探讨。他认为，周口店的石器工业，有许多特点在法国只是在旧石器时代晚期才有的，尽管从地质学的观点来看，周口店的石器工业在时代上是比较古老的。劣质的原料使得周口店石器制作者采用了两极打法。这种方法在西方仅在很特殊的条件下和很有限的地方才被使用。为了得到通常的小薄石片和石叶，导致砸击法的发明。这种石叶工业的萌发，决定了工业类型早熟的特点。他还认为，在周口店中国猿人石器工业中的有些类型，甚至可与法国中石器时代的类型对比。步氏上述看法着眼于上部的石制品。对骨、角器研究后来撰有专著发表。

1935年周口店遗址的研究，在人事方面有很大的变动，因步达生仙逝，接替他的工作是著名人类学家魏敦瑞（Weidenreish, Franz）。他于是年初抵达北平，任新生代研究室名誉主任，从事中国猿人和山顶洞人化石研究。裴文中10月赴法，师从步日耶学习史前考古学，周口店野外发掘工作由卞美年和贾兰坡负责。他们两位都是1931年春参加周口店工作的。

第1地点的发掘是继上一年的发掘区往下挖，即从第4层下部开始，在这里发现了丰富的石制品和用火遗迹：灰烬层、烧骨、烧过的朴树子，甚至有被烧的石器，其上留下龟裂纹和斑驳的痕迹；发现小动物化石：翼手目、食虫目和啮齿目的化石非常之多。这一年发掘深度达到第6层，在这个层位中也发现了丰富的哺乳动物化石和石制品，但没有从此层出土任何的中国猿人化石。

周口店第15地点于是年开始发掘。正式发掘于5月7日开始，工作方法与1934年第1地点者相同，从5月13日发现燧石石器后，不断有石制品发现，据记载仅6月9日一天就发现石英等石制品400多件。这一年共工作了114天，发掘了882立方米堆积，获得标本130多箱。此后两年继续发掘第15地点，出土了数以万计的石制品，几十种鸟类和哺乳类化石，发现石制品数量之多，仅次于第1地点，使其从普通的含化石的裂隙堆积而改观为"在史前史研究方面具有重要意义的地点"。

9月27日，贾兰坡考察了周口店西边的金山院的扁担窝，主要考察了西扁担窝。这是一处长25米、宽8米的洞穴，在黄土状堆积中试掘了31平方米，发现44块石英碎片，此外还发现两件石片和羊与马的牙齿。10月26日杨钟健、卞美年、贾兰坡又去考察一次。1936年贾兰坡曾派人去发掘，只在地表采到陶片。1949年后贾兰坡还去考察过一次，一些石制品上标有Loc.25字样，经贾兰坡考证，即来自西扁担窝。1987年9月，张森水与龙凤骧也去考察过，采回石英、水晶等多件石制品和1件磨制骨器，在地表也采到陶片及近代遗物。

1936年，周口店发掘工作由贾兰坡负责。春季来了两位新的工作人员，他们是北京大学地质系毕业的李悦言和燕京大学生物系毕业的孙树森；两位先生因各种原因，只参加了一个季度的野外工作而相继离去，到秋季开始发掘时，又只剩下贾兰坡一人。

1936年发掘工作从4月7日开始，从第6层向下发掘，至6月10日开始发掘第8层至第9层，7月6日结束上半年野外工作。秋季发掘工作于9月16日开始，发掘第23水平层。贾兰坡于11月15日在第25水平层内发现1具完整的中国猿人头盖骨。下午在上述头盖骨北1米处，层位约低0.5米靠近洞北壁处又发现1具完整的中国猿人头盖骨。11月26日在猿人下颌骨（10月22日发现于第24水平层，位置在贾发现的第一具头盖骨南约10米、高约6米处）发现地南3米处找到了第三具头盖骨。这无疑是古人类学史上惊人的发现。

这一年也从地层中出土了许多石英和砂岩等的砾石石制品，特别是数量不少的大的砾石和石片做的砍砸器，为研究中国猿人文化发展提供一批很重要的标本。

1937年，于4月下旬开始发掘周口店第1地点，自上年的工作面继续向下发掘，在上年找到的第二具头盖骨出土地深半米处，科考人员采到1件中国猿人眉脊骨，经拼对属于贾兰坡发现的第二具头盖骨上的。此外，还发现一些头盖骨破片、5枚牙齿和残股骨一段。在"七七事变"前几天，在第10层的灰烬层中发现中国猿人成年上颌骨。在此层也发现了一些石英和砂岩等生产的石制品，《中国猿人石器研究》中描述的第10层石制品主要是这一年发掘所得。1937年上半年，发掘工作部分挖至第11层，出土了少量的哺乳动物化石和石制品，现存者有10件，但未发现用火遗迹。这一年，第 15 地点发掘也在进行，发现大量的石制品；第 4 地点也作相当规模的发掘，出土了较丰富的哺乳动物化石和几十件石制品。

1937 年 7 月，裴文中获得巴黎大学理学哲学博士学位，学成取道苏联遇阻，返西欧回国，10 月抵达北平。不久，接翁文灏所长函，令他留在北平，负责新生代研究室工作，代管地质调查所，兼顾北京大学地质系葛利普教授（Grabau, A.W.）的生活。他受命于危难之时，挑起领导周口店遗址研究的重担，在险象丛生中开展研究工作并取得一系列的、有价值的研究成果。

后日军侵华，发动"七七事变"，周口店遗址的发掘工作被迫中断，研究工作跌到黑暗的谷底，进入了周口店研究最艰难的时期。

零星工作

1937 年下半年至 1948 年，是科考人员零星工作的时期。

1937 年 6 月底，周口店发掘工作结束。依常规，科考人员将所发掘出来的石器和化石编号、包装，装入大筐，送周口店火车站，准备运往北平。7 月初接火车站电话，去北平的火车不通，次日得知，日军制造事端，战事已迫在眉睫。贾兰坡召集工人开会，商讨对策。最后决定，愿回北平的一起走，不愿走的，仍旧慢慢发掘第 4 地点，并将第 1 地点用土石回填，并夯实，保护遗址，避免日本人破坏。至 10 月底，裴文中已回到北平主持新生代研究室工作，留周口店工作的工人大部分已疏散，留守工人有赵万华、董仲元、肖元昌、张海泉和张文斌等 26 人。他们看守山场，继续发掘第 4 地点，筛选化石；一直到 1938 年 5 月 3 日赵万华、董仲元和肖元昌被日军抓走，并于 11 日被日军杀害，至此，周口店野外工作完全陷于瘫痪状态。从周口店返回的技工，大部分在西城丰盛胡同 3 号地质陈列馆的后楼修理第 14 地点鱼化石，少数人在协和医学院娄公楼 108 室修理新发现的哺乳动物化石。

1938 年前，杨钟健随地质调查所南迁。1938 年起，新生代研究室除名誉主任魏敦瑞和顾问德日进外，还有负责人裴文中和工作人员贾兰坡。他们借协和医学院这座孤岛做研究工作。虽时局艰难，他们仍勤奋工作，发表了一些高学术价值的著作。例如魏敦瑞发表了《中国猿人肢骨》专著（1941 年）和研究中国猿人牙齿的《人科牙形态比较研究》等多篇论文。裴文中完成了山顶洞人文化和哺乳动物群的研究以及非人工骨化石的研究，发表了 3 本专著以及与周口店遗址有关的多篇论文。应特别提到的是，裴文中对东西方文化进行比较研究，明确提出其间的差异。他指出："欧洲史前人类主要工具的形态特征及其分期，尚不见于中国"（1937 年）；"史前文化本身很难用于中国和欧洲之间的对比……因为这两个地区的旧石器制造技术有很大的不同。"（Pei，1939）他的论文开旧石器文化多样性研究之先河。这些真知灼见，经历了半个多世纪的时间检验，仍被证明是正确的。此外，裴文中还与德日进一起完成了对周口店第 13 地点的研究，出版了专著；步日耶根据他两次来华对周口店骨角制品的研究，在 1939 年的

《中国古生物志》上发表专著《周口店中国猿人遗址的骨和角工业》。

从1937年到1941年发表的论文至少有21篇（本）。所有这些表明，环境虽然恶劣，但并没有影响周口店精神的发扬，在快速、高质方面尤显突出。

在第二次世界大战期间，周口店遗址研究的最大损失是在珍珠港事变前后。从1927年起至1937年，从周口店第1地点发现的全部中国猿人化石、高等灵长类化石和山顶洞人化石，在珍珠港事变前交由协和医学院的院长胡顿（Houghton, H.）和总务长博文（Bowen, T.）保管。事变后，化石在他们手中弄得下落不明，成为古人类学中损失最大的事件，也是20世纪最大的悬案之一。

一件事情的发生有其原因。依1927年协议，周口店的出土物都归中国所有，人化石不得带出中国，但由研究者（当时是步达生）保管，后来由魏敦瑞保管。时至1941年，美日关系日趋紧张，战事有一触即发之势，美国开始撤出在华北的侨民。魏敦瑞亦拟于4月去美国，暂在纽约自然历史博物馆工作，要求胡承志赶制模型；也考虑到人化石留在北京不安全，他拟与翁文灏商量后，将其运往安全地方保存。据贾兰坡回忆，大约在魏敦瑞走后两三个月的一天，裴文中告诉他："中国猿人化石要全部装箱运走。"贾问何时装箱，裴答："听讯。"就这样，又过了两三个月，息式白（魏的女秘书）告诉贾，标本要装箱运走。贾下午在娄公楼问裴有关标本装箱事，裴说：立即装箱。

第二天，贾兰坡和解剖科技术员一起装箱。标本包装很细致，在装入小盒前,有五层包装,从里到外是擦镜头的细棉纸、软纸、脱脂棉、粉莲纸、医用纱布,小盒内用脱脂棉塞;木盒的六面都垫有瓦楞纸,然后将这些装好标本的盒子再装入木箱内,木箱一大一小,前者写 CAD1,后者为 CAD2(另据胡承志回忆,其一长 48 英寸、高 11 英寸、宽 22 英寸,另一长 45 英寸、高 22 英寸、宽 22 英寸)。装好后,贾兰坡等把两个箱子送到协和医学院总务长博文的办公室。12 月 8 日,日军占领协和医院,次日裴曾告诉贾,王锡炽(当时协和医院院长)告诉他:这两个箱子在送到总务长办公室当天,就被转送到 F 楼 4 号保险室内,过一夜就运走了,但不知运到哪里去了。运交标本这件事,据裴、贾共同回忆,大概发生在日军占领协和医学院前 18 天到 21 天之间。从此,这批宝贵的世界文化遗产就下落不明。

由于日军占领协和医学院,美日宣战,北平沦陷,新生代研究室的研究工作无法开展。贾兰坡南下受阻,返回研究室,但预感到时日不长。为保存周口店资料,他做了一件有意义的工作——复制了一份 1932 年至 1937 年周口店第 1 地点、山顶洞和第 15 地点发掘中绘制的打格分方的平面图和剖面图;为逃避日本人搜身,他将原图 1∶100 缩小成 1∶200。用了将近两个月,完成了用他自己话说的"偷图"任务。裴文中孤守新生代研究室,拒不与日本人合作发掘周口店,也不说出中国猿人化石的下落,想方设法保护新生代研究室的资料。新生代研究室终为日本人所不容,于 1942 年初在无法工作的情况下解散。工作人员只好各自谋生,裴、贾二先生靠做小买卖养家糊口,及至抗战胜利。

抗战胜利后，由裴文中接收新生代研究室。1946年贾兰坡回研究室工作，当年辅仁大学生物系毕业的刘宪亭也参加研究室工作。在此期间，裴文中试图与北京大学校长胡适洽商合作发掘周口店事宜，因各方面原因未谈成。后来裴文中与燕京大学校长司徒雷登接触，各方均表示赞同，但不久北平解放，事情也就搁下了。从抗战胜利至北平解放，地质调查所也无力支持周口店发掘，新生代研究室的工作人员只能做一些整理工作，研究工作几乎处于停顿状态。此时裴文中对中国猿人石器曾作过一些研究，并提出有意义的见解："由上述各种石器证之，可知当时中国猿人之石器，实相当进步，已超过最原始及最简单之程序。换言之，即中国猿人之文化，实非原始之文化，将来或可发见，较中国猿人时代更早之人类。"（裴文中，1948年）

持续发展

1949年至今，是周口店遗址研究的持续发展时期。

这个时期历时半个多世纪，在周口店遗址区内做了大量的工作。为适应研究的需要，在龙骨山上进行了相当规模的基本建设，开展大规模绿化，与当年步达生拍的周口店全景照相相比则有天壤之别。昔日荒山秃岭，今日郁郁葱葱，翠绿欲滴，环境优美，仿如进入一风景区。周口店遗址的研究工作不断地向着广度和深度方向发展，在普及周口店遗址知识方面，做了以前难以相比的工作。

(1) 野外工作。

1949年,北平和平解放,给周口店遗址的研究恢复带来曙光。人民政府非常重视这项工作,在徐特立等老一辈革命家的关心下,中断了12年的发掘工作得以很快恢复。1949年9月27日,研究人员在贾兰坡和刘宪亭领导下前赴周口店,筹措发掘事宜。从那一天起至10月15日止,用了近20天时间,清理坍塌下来的和1937年回填的堆积。在清理的废土中,科考人员在当年中国猿人化石出土地的表面发现了3枚中国猿人牙齿,可谓旗开得胜。对人化石出土的层位,依贾兰坡分析:"这些牙齿非出于原地层,而是出自上部的第4层(灰烬层),是坍塌下来的。"正式发掘从10月16日开始,发掘第30水平层,挖掉原生堆积125立方米,从中发现了一些石制品和哺乳动物化石。这一年还在周口店附近开展调查,在距周口店7.5千米山水峪的獾洞以及松树窑的扁担窝和周口店西北5千米的蝎子洞,采到了一些标本,收获虽不丰硕,但扩大了线索。1950年整理周口店山场和以往发掘出来的标本,发掘工作未继续进行。

1951年,对中国猿人遗址的发掘工作宣告恢复,仍由贾兰坡等负责。此外,还对附近地区的第20地点至第23地点进行发掘,发现了一些哺乳动物化石,在第22地点还记述5件石英片,但当时认为它们的"人工痕迹不甚清楚",后经再研究,肯定其人工痕迹清楚。

周口店第1地点当年主要发掘了第11层,从中发现了一些石制品和哺乳动物化石。此外也发掘了第12层和第13层。在野外工作将结束时,在发掘区的西南角,即在南裂隙下坎处见到了砾石,后被贾兰坡称为"底砾石层"。

这一年贾兰坡等人在清理发掘现场时,找到几件猿人化石。它们被发现于南裂隙再次下坍的灰烬中,其原生层位可能属于"M"地。在整理标本中,贾兰坡从碎骨中识别出猿人的肱骨和胫骨各一小段。胫骨在第1地点中国猿人化石中系首次发现,填补了中国猿人骨骼的一个空缺,可惜的是两件猿人骨骼标本的原生层位无可考,但无疑来自第1地点。中华人民共和国成立之初两年的发掘,虽有零星的记述,但无研究报告发表。

1951年,北京市人民政府下文将整个"龙骨山"和西边的那座小山头全部划归中国科学院管理。这样做有利于周口店遗址的保护、研究和管理。1952年至1957年,虽发掘工作暂停,基础设施建设和遗址绿化工作没有停,研究工作不仅在进行,而且在向更深更广的方向发展。

1958年,为给北京大学历史系考古专业学生提供旧石器考古田野实习的机会,第1地点的发掘工作再次展开,负责人仍是贾兰坡先生。这一年发掘工作在第1地点的三处进行。其一是东小洞,位于中国猿人遗址的东北角,曾推测此处是中国猿人的出入口,期望能得到较多人化石和文化遗物,但因发掘进程中不甚理想,遇雨中止。其二是继1951年发掘面继续往下挖,搞清第13层堆积,从中找到少量化石和相当厚的鬣狗粪层。在此层(位于地下水位2.35米处)还发现1件燧石石器,但科考人员对其人工性质亦有持怀疑的。其三是鸽子堂西部(即1932年做过小规模发掘的地区)。这部分发掘收获颇丰,发现了一些石制品、哺乳类化石,但得到更多猿人化石的希望没有实现。这一年的发掘,特别是在鸽子堂西部,没有按传统的发掘方法进行,而是直接按地质分层进行。

1959年第1地点的发掘主持人为赵资奎和李炎贤。发掘工作接上年鸽子堂西部往下挖,即从第27水平层开始,一直挖到第29水平层,共工作了66天,挖掉堆积171立方米,发现了用火遗迹、一些石制品、少量哺乳动物化石和一具相当完整的中国猿人下颌骨化石(系7月6日发现于第10层R-1方内)。这一年发掘的另一收获是,在第10层找到下颌骨肿厚程度中等的和很厚的肿骨鹿化石和鹿角,为第1地点下部时代可与第13地点的时代对比找到了可靠的证据。

1959年,科考人员在周口店地区还做了大量的第四纪地质研究工作。古脊椎动物研究所以裴文中教授为首,参加者有邱中郎、黄万波、李有恒、张森水等。地质研究所以刘东生教授为首,参加者有丁国钰、朱海之等,调查范围主要是由"龙骨山"向东,一直到房山县城附近,约有数十平方公里;对调查区内的第四纪地层、地貌作了观察、记录和分析,对龙骨山周围填有1:10000的地质图。这次考察没有发表详细的报告,部分研究成果曾有报道,详见研究部分。

1960年的发掘是上年工作的继续。发掘工作从5月15日开始,持续到10月16日,共工作了141个工作日,挖掉堆积232立方米。发掘区东西长6米,南北宽11米,发掘层位为第

30至第32水平层。在发掘的最后阶段,为探明第13层(地质分层)的情况,科考人员挖了一条11米×2米×1.5米的探沟,达到了第13层,但未见到在西部所见的砾石层。在这一年的发掘中,科考人员发现少量的哺乳动物化石,其中9种是周口店第1地点常见的哺乳类化石,还新发现了上丁氏鼢鼠(*Siphneus epitingi*)化石。这进一步提供了其下部时代与第13地点相当的证据。本年发现的石制品数量不多,主要是以砂岩为原料,发现层位只限于第10层,但"在第13层的红色泥土中发现了一件石器",对其性质亦有人提出质疑。这一年发掘的主持人是赵资奎和戴尔俭。

从1961年至1965年,因各种原因未进行周口店的发掘工作。1966年,裴文中主持恢复了对周口店第1地点的发掘工作,参加工作的有邱中郎、张银运和顾玉珉等。发掘工作从3月15日开始,到7月4日因"文化大革命"而中断。发掘区在南裂隙的顶部,紧靠1934年发现中国猿人化石H地的南侧。三个多月的发掘取得了丰硕的成果,科考人员发现了中国猿人头骨两块,牙齿一枚。两块头骨经裴文中提议,与1934年发现的两块(模型)进行拼合,天衣无缝地拼合成一个完整的头盖骨,称5号头盖骨。此外,科考人员还发现了相当丰富的用火遗迹、百余件石制品和一些哺乳动物化石。其中有意思的是他们在顶部堆积(本年发掘的主要是第3层和第4层)发现,中更新世常见的中国鬣狗和肿骨大角鹿,与晚更新世典型化石最后斑鬣狗和赤鹿共存于第3层中。最后斑鬣狗化石在以往未发现于第5层以下的地层中。这显示出动物界的演变，似预示着更新世即将进入后期。

"文化大革命"中及稍后发掘工作无法进行。20世纪70年代末，为纪念中国猿人第一个头盖骨发现50周年，研究所拟召开国际古人类学术讨论会。为开好这次学术会议，研究所组织了一系列研究工作，如恢复周口店发掘和开展多学科综合研究等。

周口店第1地点再开发掘于1978年9月中旬，一直持续了5个野外工作年。发掘工作区在东坡，发掘面积东西长20米、南北宽16米。依1978年度和1979年度报告，发掘工作从地质分层的第3层开始，由第10水平层至第16水平层，共7米，包括4个地质分层：3层至6层。两年发掘的结果收获不大，科考人员发现了一些用火遗迹，约百件石制品，哺乳动物化石23种（主要是小动物化石，其中啮齿目多达9种，食肉目仅1种），还有鸟类和爬行类化石。在发掘工作中科考人员注意到，在烧灼过的牙齿中，哺乳类的乳齿相当多，"在能鉴定的牙齿化石中，乳齿和磨损程度不高的牙齿占很大比例"。他们还发现成堆的象骨骼，其周围有石英岩石块和砾石，可能表明"中国猿人有肢解大型动物"的能力。本次发掘的主持人是袁振新，前两年参加工作的有林圣龙、董兴仁和金昌柱等，后三年参加工作的有蔡炳溪等。发掘工作由第6层向下，挖到第8层至第9层，发现材料不多，至今未发表报告。

1977年年底，周口店遗址周围开展了自1949年以来最大规模的野外工作，至1979年结束。科考人员对周口店遗址及其附近地区开展多学科综合研究，由中国科学院古脊椎动物与古人类研究所主持下，地质研究所和北京大学等17个学术单位和北京科学教育电影制片厂参加，对周口店地区进行晚新生代地层、岩溶洞穴发育规律、孢粉分析、古土壤、沉积环境、古气候和多种年代测试的野外考察和标本采样；对龙骨山及其附近地区进行详细的地形测绘，拍摄了此次综合研究的科学资料片，取得了丰硕的成果。

（2）室内研究。

周口店遗址在中华人民共和国成立后的室内研究工作主要从两方面进行。其一是对出土物研究尚未开展深入研究，已做仔细研究尚有进一步探讨的必要者，则继续努力；其二是随着科学技术的发展，对遗址上新的研究项目（如年代学研究和孢粉分析等）列项开展，以深化对遗址的认识。此外，也有一些综合论述工作，对周口店以往遗址的研究成果进行了简明的综述，如裴文中著《石器时代文化》，贾兰坡著《中国猿人》和《山顶洞人》等书，就是这方面的代表。这些著作的出版扩大了周口店遗址的影响，对专业干部的培养、引起国人对这门学问的重视和宣传人类发展史等方面都起到良好的作用。

中国猿人石器的研究，虽有数篇很有水平的论文发表，但科研人员对于其性质的探索从未中断过。1954年，裴文中对中国猿人石器作如下论述：无论打片或打砾石，都没有一定的严格的方式方法，更由于技术的不熟练，也不能打成一定的形状（类型）……因之，石器的形状一致性很差，不能分别成有意义的类型。

上述看法很明显偏于其原始性。贾兰坡通过对中国猿人石器的研究，于 1956 年发表《对中国猿人石器的新看法》一文。该文在石器制造技术方面增加了用碰砧法修理石器的内容，在文化上特别强调其进步性："中国猿人石器不但有一定的打片方法，而且还有一定的类型……在工具上已有一定的分工——刮削器不能用于砍伐，尖状器也不能用于锤砸。"在此认识的基础上，1957 年贾兰坡提出，在中国旧石器文化发展的过程中，中国猿人文化不是最原始文化，此前应有更原始的文化，进而提出"泥河湾期的地层才是最早人类脚踏地"的观点。原始论与进步论观点鲜明，促发了人们对中国猿人文化性质的再思考。

1958 年，在贾兰坡的热情激励和指导下，全室人员参加到对中国猿人石器的研究中。当时，除裴文中外出外，其余研究人员都参加，每人负责一部分，于这一年年底，各自完成了自己所研究的部分，并写出初稿。

初稿交裴文中审阅，他认为水平不足，并建议，为完成中国猿人石器的研究，成立专门小组继续工作。中国猿人石器研究组的成员有裴文中、贾兰坡、邱中郎、张森水、戴尔俭和李炎贤在 1958 年和 1959 年整理分类的基础上，进行逐类讨论。然而，对若干术语的定名（如砍砸器或砍斫器用哪一个名称好）就讨论了不少时间，难以达成共识；至于对中国猿人石器制造水平的定性，究竟是相对进步还是相对原始，更难有相通的语言。故这一年多的讨论，耗时甚多，却进展不大。但通过试验研究，他们对若干器物的加工方法和实际用途有了新的认识，肯定那件修疤浅长的刮削器（P.2060）是砸击加工成的；从有坑疤砾石中分出石砧和石锤。

1960年，张森水和李炎贤下放江西劳动锻炼，戴尔俭去周口店参加发掘。实际工作人员的减少使这项工作难以继续下去。1961年，虽是困难时期，但有关中国猿人石器性质的争论非常热烈，全国有关专家都参加了讨论，其规模是空前的。这场全国性的学术讨论，表面看是以讨论中国猿人石器性质为中心，实质上是我国曙石器之争的开端。但它毕竟涉及对中国猿人文化在时空上地位的认识问题，当时参加此项研究的年轻人也都在一起议论，为什么对同一批材料的研究结论截然不同，是不是与文化发展有关呢？于是有人建议改变以往上下一体的分类研究方法，改为分层分类研究。此建议得到裴、贾二先生的赞同，大约从这年下半年开始实施新的研究方案。

原来的标本只有水平层位号，没有地质分层，为探讨其发展性，必须把前者换算成后者。于是以贾兰坡1959年发表的中国猿人遗址剖面为标准，科考人员将标本上的水平层换算成地质层，逐一核对、逐一分层、在此基础上再分层分类，在分类基础上进行讨论，并依讨论写出每层石制品描述。这样的工作持续到1965年上半年。在这段时间里仍有许多方面达不成一致看法，在对总性质的看法上，两位老先生仍各抒己见。为完成这项工作，大家达成一点共识：在初稿的基础上，以裴文中意见为主，写出统一的书稿。裴文中建议各人写出不同意见，列于讨论一章中。大约是在1965年年底或至次年，裴文中写出《中国猿人石器研究》的中文稿。由于众所周知的原因，这项研究搁浅，文稿未能付印，这样一搁就过去了约 10 年。

1976 年是恩格斯《劳动在从猿到人转变过程中的作用》写作 100 周年,学界准备召开一个纪念性的学术讨论会,在筹备过程中,将中国猿人石器研究列入选题。考虑到以往的经验教训,领导决定,这项工作交由裴文中和张森水来完成。1975 年下半年受命时,"文化大革命"尚在进行中,科研人员既要找标本存放处又不能放开手干(若干批判会、学习会还得参加);等到把标本找得差不多,开始分层、分类整理时,纪念会如期召开了,但根本无法履约在会上作这方面的报告。

这时,科研人员考虑到有分层分类研究的基础,再加以量化分析,或许能解决其总性质的问题;对若干有争议的研究单元,如下洞的石器,QⅡ的石器和标有 L.3 的石器,则考虑专题研究,为不同观点者提供可用的材料;对材料少的,虽归入层内,但单独记述;在写作中不采用标本注明层号的总体记述方法,目的是探求中国猿人石制品在质与量两方面在时间上的变化。

年轻的科研人员将这些想法向裴文中做了汇报,他同意这样做,并约定具体工作由张森水负责进行,每星期有半天时间讨论研究中的问题。

从 1976 年下半年起,张森水等人开始观察、测量每件标本,并用手摇计算机算出各种指数和各类石制品的平均值。做完一层或一单元,就写出这部分初稿,提供讨论,初稿定后,再做另一层或单元的石制品的研究。就这样,他们在前所未有的良好的环境中工作了 3 年,总算完成了《中国猿人石器研究》初稿,并在纪念中国猿人第一个头盖骨发现 50 周年的学术报告会上做了报告。该书再经一年多时间的修改，于 1981 年交科学出版社，于 1985 年正式出版。《中国猿人石器研究》的完成是两代人血汗的结晶（虽以裴文中和张森水署名，但只是"文化大革命"前工作的继续和发展）。通过这项工作，对以往争论的意义，有人曾表述过如下的意见："出现名之为中国猿人文化性质的讨论，促成了中国猿人石器的分层研究，从而可清楚地看到，中国猿人文化既显示出统一性，又有发展性。在其发展过程还可看到一定的发展阶段性。在 20 世纪 60 年代前期，原始论者（包括张森水）或进步论者，均只看到发展过程中一部分事实，既有正确的一面，也有片面之处。"（张森水，1996 年）

周口店遗址古人类研究也取得了较丰硕的成果。首先是吴汝康和贾兰坡研究了 1949 年和 1951 年发现的中国猿人化石。经他们鉴定，5 枚牙齿可分大小两类，门齿和臼齿是大型的，应属男性，前臼齿归于小型的，属女性；它们的齿冠和齿根都比现代人硕壮得多，内侧门齿呈铲形。新发现的肱骨化石很像现代人的，唯一的不同是髓腔较现代人小，骨壁较厚；胫骨较纤细，前缘钝，骨干的横断面呈钝的棱柱形，骨壁极厚，髓腔甚窄。此件标本与尼安德特人的胫骨十分不同，而与梭罗人则相当接近。

依新发现的材料，吴汝康指出，包括他在内的人类学家都清楚地看到，中国猿人上肢骨几乎与现代人一样，下肢骨形态上与现代人的相像，但保留若干原始性，而头骨和牙齿则保留着更多的原始性状。对造成此种体质发展不平衡现象，究其原因，吴汝康认为"是由于劳动,由于手的劳作,使上肢与下肢发生分化,肢体分化随之而来的是促使脑和脑颅的发展"。

通过对1959年发现的中国猿人下颌骨的研究,科研人员对中国猿人下颌骨的形态有了更多的了解。这是一具老年女性的下颌骨,颌体大部保存,而过去发现的5件成人下颌骨,仅有部分下颌体保存。它的发现为了解中国猿人下颌骨形态提供了重要资料。这件下颌骨与其他猿人下颌骨一样,保留有许多原始性,如下颌体硕壮、前部明显向后倾斜和齿槽弓较长而窄等,较之欧洲的海德堡人和尼安德特人的要原始得多。

科研人员将1966年发现的中国猿人头骨化石及与1934年发现的进行拼对,合成一个头骨进行了研究。研究者指出:"5号头骨枕骨圆枕较为退缩,颞鳞的蝶缘、顶缘呈圆弧状隆起,片状的额内脊有分叉为二的趋势,枕内、枕外隆突距离缩短,锥体轴较为横向,眶上圆枕比较纤细,颅壁有趋向于上下垂直的倾向,脑颅骨壁较薄等。这许多进步性的形态特征,集中地在一个头骨上出现,很难归结于偶然性因素。我们认为5号头骨是代表迄今所知的北京猿人头骨中带有进步形态特征最多的个体。"(邱中郎等,1973年)这一成果为研究中国猿人在周口店生活时期体质演化提供了有意义的资料,对魏敦瑞所认为的,在猿人洞的堆积填满以前,中国猿人的体质形态保持不变的看法提出了挑战。由于在中国猿人遗址里发现了丰富的人化石,一些形态特征(如头骨正中有矢状脊,有印加骨和铲形门齿等)可以上联下续,为古人类多区域起源,为中国古人类以区域连续进化为主与周围地区基因交流为辅的观点提供了较丰富的化石依据。

中华人民共和国成立后在周口店遗址还有新的人类化石发现。1973年科研人员对周口店第4地点进行了发掘，从中发现1枚人的牙齿，系左上第1前臼齿，为成年个体，性别难定。从各项测量值来看，是北京猿人和山顶洞人之间的中间代表，为周口店地区古人类演化链上增加一个环节。

周口店山顶洞人化石是1933年发现的。魏敦瑞研究后，于1939年发表了初步报告。他认为至少有7个个体（1947年曾说有10个个体，但未举例说明）。对3具头骨，魏氏认为：101号测量值像西欧某些人种，如克鲁马农人，但形态则像原始蒙古人种；102号属美拉尼西亚人，而103号则属爱斯基摩人。此后，魏敦瑞再没有对山顶洞人提出更详细的研究报告。

20世纪50年代末，吴新智对山顶洞人进行了重新的研究，改正了魏氏的一些错误认识，如把104号下颌骨与102号头骨配成一个个体，实是两个不同个体。他通过对山顶洞人化石（模型）的形态观察和多项测量的分析，提出了一些新的认识——山顶洞人3具头骨有许多共同特征，且又是新人化石所共有的特点，因此"山顶洞人代表原始的蒙古人种"；山顶洞人与现代人不同，尚保留一些原始性状，如眼眶低矮等；"山顶洞人的个体数目至少是8个，而不是7个，还可能是10个"。对山顶洞人的种族问题，近年来国内外又有人对此进行了讨论。

科研人员在哺乳动物和环境的研究方面也做了大量工作。周口店第1地点发现的哺乳动物化石大部分都做过分门类研究；至中华人民共和国成立时，尚有奇蹄目的马和犀牛以及长鼻目的象尚未深入研究。至综合研究开始时（1977年年底），马与犀牛已完成详细的研究报告，并于20世纪70年代相继发表。对周口店遗址新发现的哺乳动物化石地点的材料也作了简要的记述。此外，还新记述了出自周口店第1地点的翼手目化石，其中南蝠（*Ia io Thomas*）化石的发现，把其分布区从四川、湖北扩大到北京郊区。

中华人民共和国成立后在周口店遗址周围发现的哺乳动物化石地点被分别编号为第20地点、第21地点和第23地点、第24地点，被鉴定的哺乳类化石除没有长鼻目以外，包括其他各目的化石33种。从时代看，第19地点略早，包含肿骨鹿和扁角肿骨鹿，还有中国鬣狗，时代应与第1地点下部（第10层至第13层）相当；其余各地点，均有最后斑鬣狗，虽有大角鹿，但没有第19地点那两种鹿，时代最早可与中国猿人遗址上部地层相当，也不排除与第15地点相近，甚至可能更晚。这项研究工作是由贾兰坡、赵资奎和李炎贤做的。

马化石研究是由刘后一（1973年）完成的。他将1927年以来出自第1地点的538件马化石加以详细的研究，都把它归于三门马（*Equus sanmeniensis*）中，指出周口店第1地点的三门马与泥河组地层的虽有许多共同的特征，但也有一些明显的差异——泥河湾者头骨基部窄而短，头骨大，上颊齿中附尖窄而简单，下颊齿环圆而简单，珐琅质褶皱简单和趾骨稍长等；第1地点头骨基部窄而长，头骨比前者小，上颊齿增宽，下颊齿双叶呈椭圆形并引长，珐琅质褶皱复杂，趾骨除第1趾骨稍长外，其余的均短而宽。后者与第 13 地点和第 9 地点的三门马的特征相同或相近。该文还讨论了它与晚更新世的野马和野驴在演化上的关系。

犀牛类化石是周本雄研究的，完成于 1964 年，报告发表于 1979 年。他研究了 1927 年至 1937 年、1949 年至 1951 年和 1958 年至 1959 年发现于第 1 地点的 271 件犀牛化石。通过对标本观察、分析和对比，他把这批化石鉴定为两个种（包括 1 个新亚种）——将原来鉴定为梅氏犀的改定为周口店双角犀（*Dicerorhirus choukoutienensis*），包括头骨等 224 件标本和大量牙齿碎片；另一种，被鉴定为新亚种叫燕山犀（*Coelodonta antiquitatis yenshanansis*），材料包括下颌骨等 44 件及一部碎牙片。此外，刘后一还专题研究第 21 地点的马化石（*Equus sp.*），并依头骨和上、下颊齿的形态特征和测量值定出一个新种叫北京马（*Equus beijingensis*），认为它代表从三门马到普氏野马的一种过渡类型（刘后一，1963 年）。J. 奥尔逊等（1982 年）对周口店第 1 地点、第 3 地点和第 13 地点发现的变异狼（*Canis lupus variabilis*）化石进行再研究。他们根据头骨大小、形态特征以及与中国早期人类共生的情况来看，认为它有可能是从驯化的野生狼导致家畜狗（*Canis familiaris*）出现的一种祖先类型。李有恒等（1966 年）对第 1 地点发现的粪化石进行研究，并与现生动物的粪加以比较，指出在遗址里发现的 1 500 枚粪化石，绝大多数应是鬣狗的粪，其中个别的可能是熊的，至少"暂定编号 Cop.140"是如此。

在周口店各化石地点曾或多或少发现过鸟类化石，仅第1地点可能数以千计，仅有少数标本作过研究（寿振黄，1935年，1940年），大量材料未曾做过详细的研究。20世纪70年代后期，侯连海对周口店地区的10个地点（第18地点、第1地点、第13地点、第2地点、第12地点、第20地点、第15地点、第3地点、第4地点和山顶洞人遗址）的鸟类化石进行了研究，取得了可喜的成果。

共鉴定出鸟类122种，分属13目31科；包括1新属、6新种，其中39种为首次记录的化石。鸟类化石的属种绝大多数为现生种，其中68种为古北区鸟类，10种为东洋区鸟类，热带鸟类1种，其余为广布型的。周口店地区更新世鸟类群演变比较明显，更新世早期有较多的绝灭种，计有丛氏原鸽等18种；中更新第1地点的鸟化石多达50种，但其中绝大多数为现生种，只有周氏隼和裴氏石鸡为绝灭种；至中更新晚期鸟类种属大量增加，且基本上是现生种，山顶洞人时期鸟类多达51种。

周口店地区更新世早、中、晚期有不同的鸟类种群，从中反映出有不同的生态环境。早更新世鸟类多居高山森林地带，中更新世中国猿人时期鸟类既有生活于高山森林地带，又有中山、低山、平原和草地的，或许说明当时人活动范围相当广阔。至中更新世晚期，生活于高山灌丛中的鸟类增多，还有近山草地和山前平原的鸟类，甚至于有生活于滨海的鸟类。山顶洞人时期，鸟类生活环境具多样性，有较多的低山灌丛和草原为栖息地的鸟类。

在周口店第1地点发现的鸟类骨骼中，"竟有50%被烧过"，这或许说明捕捉鸟类可能是其食物来源之一，是其采集—狩猎经济的组成部分。这是同时代文化遗址出土的鸟类化石前无记录的，也是以丰富资料说明经济活动的证据。

科研人员对古脊椎动物化石的分析与再研究，对其相对年代（主要是第1地点）和环境的探讨，做了大量工作，取得一批可喜的成果。

利用动、植物化石资料来解释周口店当时的气候、自然环境，一直是周口店遗址研究者们所重视的。早在1933年，步达生等依动、植物化石说明当时（周口店期）气候比今日暖和，由红色土的性质，显示当时的纬度比现在低。中华人民共和国成立后，这方面研究有很大的进展。周明镇（1955年）指出："周口店第1地点堆积中发现的化石，所代表的动物群性质非常复杂……表示了当时自然环境的复杂性。""哺乳动物群种属说明周口店地区有山地和茂密的森林，有广阔的沼泽和河流，还可能有宽广的干燥草原，甚至可能有接近沙漠地带的存在。总的来说，周口店更新世的动物群所表示的气候环境，似应代表间冰期时的情形。"

裴文中（1960年）在研究原始人类生活环境时，认为从哺乳动物总性质上看，周口店附近气候比较温和，"生成了适宜于人类（中国猿人）居住的环境"。因有良好的狩猎和采集的自然条件，中国猿人"能很长期在周口店生活"。

卡尔克（Kahlke,H.D.）等通过对第1地点哺乳动物群总性质的分析，认为在地层中发现中国南方常见的哺乳动物，如豪猪、纳玛古棱齿象、梅氏犀和水牛等，"这一事实说明由第1地点的下部到中部各层之间，存在一个缓慢的过渡时期……时代属于冰期晚期／间冰期早期……缓慢地过渡到保存在中部的真正的间水期的动物群。"在时代上他们将周口店动物群同欧洲的赫尔斯坦间冰期做对比。

大约从20世纪60年代开始，对第1地点环境、气候和时代的研究进入了一个新阶段，即从统一的地质单元为出发点，转而从发展角度去探讨气候的演变和时间上的分段。如黄万波（1960年）把第1地点的堆积分成6层，合拼成三个沉积旋回，第一旋回属早更新世，第二旋回属中更新世早期，后一旋回归中更新世中期。贾兰坡（1978年）依哺乳动物化石的对比及其他资料的综合分析，认为从"底砾石层"到第1地点顶部堆积气候经历数次冷暖的变化。李炎贤等（1981年）依哺乳动物化石材料，从动物地理、生态和哺乳动物化石（种类）在地层中的变化等方面分析，得出以下的结论：中国猿人生活时期的气候和今日北京一带相似，但较为温和湿润，有过多次波动，"第11层、第10层为温带气候，第9层至第5层为温暖与潮湿气候，第4层至第1层为温带半干旱的气候；当时周口店附近不是单一的自然景观，草木较今日繁茂"。此外，K.科瓦尔斯基等依第1地点的蝙蝠研究和刘后一对马的研究，都得出中国猿人生活时期周口店一带气候是温暖而湿润的看法。

通过对第1地点堆积物中获得的孢粉分析，对周口店遗址的气候的研究或为中华人民共和国成立后开展起来的新的课题，取得了一些成果。最先报道这方面材料的是芬兰赫尔辛基大学地质古生物研究所的 B. 柯登（Kurten, B.）。该所瓦萨里（Vasari, Y.）博士从早期试掘（1921 年或 1923 年）第 1 地点出土的肿骨鹿化石上附着的沉积物中分析出一组孢粉，根据孢粉组合所指示的气候，认为"当时比今天的气候要凉一些"。由此，柯登认为似乎周口店时期会比爱尔斯特 II 期（民德冰期的后期）早一些。从所发现样品的层位看，可能来自第 4 层。上述分析与哺乳动物化石研究的结论大体一致。

后来我国古植物学家徐仁和孙孟蓉等对周口店第 1 地点进行全面的孢粉分析。徐仁把整个剖面的孢粉组合分成三段，第一段以底砾石层为代表的孢粉组合所示，植被几乎接近今日"高山冻原"。这与后来综合研究的孢粉分析的结论"气候是温暖的"截然不同。第二段（可能相当第 11 层至第 8 层上部）的植被有山地针叶树和栎、朴混交林，中夹草原。气温与今日周口店相似。第三段（从第 8 层上部至第 3 层），山地有针叶和桦、朴、栎和榆等混交林，中夹草原，山下亦有草原，指出"第二、三阶段气候则与今日的无大差异……属于同一间冰期"。孙孟蓉则认为，"第二带——20 米以上（相当于徐仁划分的第 III 段）森林逐渐发育茂盛，成分复杂，参加一些特别喜暖的品种。"1978 年至 1979 年周口店遗址以孢粉分析来阐述古气候研究有重大进展。

用同位素测年是科学技术发展的产物。在 20 世纪 70 年代初，苏联专家曾依第 1 地点（1 号、2 号样品）的骨化石，用铀系法测得的年代为距今 16 万年至 30 万年左右。当中国于 1965 年建成第 1 个 ^{14}C 测年实验室时，就对山顶洞遗址做了测年研究，给出了 10470±360 年等一批数据,此后陆续有这方面的材料发表。在综合研究期间,曾用铀系法、热释光、古地磁、氨基酸和裂变经迹法等多种方法对第 1 地点做测年研究。近年起用 ESR 法测第 1 地点的年龄,并用铀系法、^{14}C 和热释光等方法测量第 15 地点和第 4 地点的年龄。不同方法测年的结果,虽不甚相同,但对中国猿人生存的时间有了较具体的了解,大约最早不会超过距今 70 万年,最晚在距今 20 万年前。1989 年用 ^{14}C 质谱仪测定山顶洞的年龄,若从文化遗物看,测年偏老。

1985 年出版的《北京猿人遗址综合研究》一书,显示出周口店研究工作面更广,亦有所深化。全书包含 17 篇论文(包括前言),许多方面特别是自然历史背景、古气候和年代学方面前已提及不再赘述。对遗址中发现的中国猿人化石,自成一章,进行了整理和总结,对如何计算中国猿人脑量提出新见,重新给出平均脑量值,以及指出中国猿人身高以往计算可能偏矮,有待新材料再行估算;从考古学角度,对第 1 地点大型哺乳动物个体数量、层位分布、共生关系和保存情况等方面进行分析,对中国猿人狩猎能力做了探讨,认为"食肉类动物遗骸可能主要是这些动物占领洞穴时遗留下来的,食草动物中有一部分是由食肉类猛兽作为食料带入洞中的,有一部分(即由猿人生活层中发现的)则是北京猿人狩猎的战利品"。对第 1 地点的哺乳动物化石,在前人研究的基础上做了进一步的研究,提出分 A、B 两组的看法:A 组(下部)时代稍早,有短吻鬣狗、剑齿虎、德氏猗狎等;B 组时代稍晚,没有这些较古老的种,代之或共存的有较新的种,如最后斑鬣狗等。

近年研究工作及学术成果

研究工作

周口店第 1 地点自 20 世纪 20 年代发掘以来,其洞壁与残余的堆积物长期经受物理与化学风化作用的侵蚀。西壁堆积剖面出现松滑、空洞、裂隙和危石,呈现上突下缩的不正常坡度,存在局部坍塌和落石的隐患。为做好遗址的保护、研究工作,国家文物局于 2009 年批准对该地点的西剖面进行抢救性发掘。中国科学院古脊椎动物与古人类研究所在周口店遗址管理处配合下连续 7 年开展清理发掘工作,出土了丰富的石制品与动物化石。发掘队采用现代田野考古科技手段做精细发掘,并与地质、年代学等方面专家通力合作,对遗址形成过程及古人类控制用火方面做了专题研究,取得了诸多新的认知与成果。

2011 年至 2014 年的清理发掘工作主要围绕西剖面的第 4 层堆积展开,出土标本上万件。其中包括近 4 000 件石制品,3 000 余件可鉴定的大中型动物骨骼标本(包括硕猕猴、肿骨大角鹿、葛氏斑鹿、马鹿、梅花鹿、野猪、犀牛、三门马、鬣狗等),以及啮齿类、鸟类等小型动物化石 2 000 余件。在一些动物化石表面还发现了人类利用动物资源的直接证据——人工切割痕迹。

本次发掘过程中揭示的洞穴发育过程（坍塌证据）表明：第3层堆积时期，多期次的坍塌事件导致了洞顶的最终消失；残留的南北洞壁类似于天然陷阱的作用，导致了这一层内部分动物骨骼的出现。而位于其下时代更早的第四层堆积形成之时，洞顶形态基本完好，4层及其下的层位更有可能是北京猿人在洞内生活的场所。近几年在第四层发掘中出土材料明显增加，预示着野外工作渐入佳境，已经开始真正"触及"北京猿人的生存状态，从中发现北京猿人化石的可能性也在逐渐增加。

这一阶段最为瞩目的学术亮点当属北京猿人有控制用火最新力证的发现。有控制地用火对于古人类生存与进化的重要意义，近30年来学术界对周口店人类用火遗存也有很多的争议。部分西方学者质疑"北京人"用火及保存火种的能力，提出作为古人类用火证据的烧骨、烧石、灰烬可能是从洞外被水流冲入的；被烧过熏黑的材料以及灰烬可能是自然火造成的，或洞内的腐殖材料、鸟类等的粪便自燃或氧化反应的结果，也可能是受到铁锰等化学成分的污染；20世纪末一些中外学者在遗址剖面做取样分析，对"灰烬"所做的分析测试没有发现树木燃烧所应该产生的植硅体及相应的钾等化学元素。当然，这样的质疑也受到一些中外学者的反质疑。

在这样的背景之下，发掘队对于第4层发现的疑似用火迹象（如火塘、原地烧结土、烧石、烧骨等）予以了格外关注与处置。不仅对遗迹和遗物的分布状态进行了三维坐标测定与三维形态扫描,还联合中科院地质所、中科院广州地化所、国家安全生产研究院等单位,系统提取疑似用火遗迹内及整个地层的堆积物样品,从磁学、释光特性、微形态、元素碳、植硅体、孢粉、红外光谱分析等多个指标对"北京人"是否用火的证据进行了重新分析检验。

这次发掘发现了一些动物的骨骼完全碳化,内外都为黑色,显系被火长时间烧烤的结果。如果是化学反应或污染,应该只是骨骼的表皮变为黑色;还发现石灰岩被烧成白色的石灰的现象,这只有在高温且持续燃烧的情况下才会发生;尤其重要的是,发掘出两三处集中用火的部位,可以被称为火塘,有的火塘存在"围挡"结构的残留石块,这是考古学家一直在致力寻找的;经过专业实验室分析,火塘部位的磁化率和红度比同层的其他部位高出很多——磁化率高出22倍,红度高出3倍,燃烧温度可能高达700℃,是自然火所远远达不到的;通过对从地层中获取的疑似灰烬样品做分析测试,发现因燃烧而形成的富集的元素碳、钾和植硅体在灰烬样品中有足够数量的存在。这些都是北京猿人能够有控制地用火的坚实证据。相关分析还在进行,日后会有更多的成果面世,围绕北京猿人用火的争论应该已经尘埃落定。

学术成果

(1)中科院古脊椎所等对4万年前田园洞人的DNA分析取得重大突破。

2013年1月21日,美国科学院院刊(PNAS)发表了一篇题为"对出自中国田园洞的早期现代人所做的 DNA 分析"(*DNA analysis of an early modern human from Tianyuan Cave, China*)的论文,介绍了对该洞穴出土的生活在 4 万年前的一个人类个体所做的 DNA 提取与分析结果。该文的基本结论是:这具人骨携带着少量古老型人类——尼安德特人和丹尼索瓦人的 DNA,但更多表现地是早期现代人的基因特征,且与当今亚洲人和美洲土著人(蒙古人种)有着密切的血缘关系,而与现代欧洲人(欧罗巴人种)的祖先在遗传上已经分开,分属不同的人群。该项研究从分子生物学角度辨识出了现代亚洲人群直接祖先群体中的一个成员,是一项重大的研究突破。

田园洞位于北京市西南部的房山区,距离著名的周口店北京猿人遗址约 6 千米。该遗址发现于 2001 年,2003 年中国科学院古脊椎动物与古人类研究所同号文研究员等在此开展考古发掘,发现了包括下颌骨和部分肢骨在内的古人类遗骸和丰富的哺乳动物骨骼,并在人骨上取样做碳十四年代测定,确定该个体生存的时代为 4 万年前。2007 年,尚虹、同号文等在 PNAS 上对这一重要发现做了报道,指出这具人骨具有现代人体质特征,但仍然保留一些早期人类的形态特点,据此对现代人起源与扩散提出新的认识。

化石形态的对比研究一直是古人类学研究的主要手段,人类起源与演化的主要认识来自于对化石形态及其演变过程的观察。新兴的分子生物学技术为古人类学发展注入了新的活力,使研究工作突破了化石形态的表层,而能深入到遗传变异的定量分析和演化的内在机制的层面。但一段时间以来，相关研究主要是通过现生人群的遗传变异做溯源推演，从古人类化石上提取 DNA 进行测序分析具有极大的难度，受制于 DNA 的保存状况，还要突破从支离破碎的基因片段中获取有意义信息的瓶颈。这次针对田园洞人的 DNA 分析样品取自该个体的一块腿骨，由中国科学院古脊椎动物与古人类研究所和德国马普进化人类研究所共同建设的古 DNA 实验室完成。样品前处理和 DNA 提取、扩增工作在中国进行，测序和分析工作在德国完成。付巧妹、高星、Svante Pääbo 等组成的国际团队成功提取到该人体的核 DNA 和线粒体 DNA。为了能将古人类 DNA 与大量来自土壤细菌的 DNA 相区别和分离，该项研究进行了新技术的尝试并取得突破，将含量仅占 0.03% 的人类 DNA 成功辨识提纯出来，从而使田园洞人成为第一个能够获得核 DNA 的早期现代人。其大区域核 DNA 富集的成功为此前受困于大量微生物 DNA 混淆与污染的古代样品分析打开了新的窗口。该方法的建立有利于最大限度上获取早期现代人的遗传信息，从而更好地理解早期现代人在欧亚大陆的扩散情况。

现代人的起源与演化是目前学术界的热点课题。对世界各地现生人群的渊源，包括我们中国人的直接祖先，学术界仍有不同的认识，针锋相对的观点还在论战之中。田园洞人 DNA 的测序分析使我们的研究向前迈进了一大步，将现生本土人群的直系祖先追溯到 4 万年前的北京地区。但该个体及其代表的人群来自哪里？其先祖是谁？有怎样的演化故事？我们期待着新的发现和研究的更大突破。

(2)第1地点(猿人洞)抢救性清理发掘新成果。

2015年7月17日,周口店北京人遗址管理处主任董翠平主持召开周口店遗址新闻发布会。会上公布了2011年至2014年周口店遗址第1地点(猿人洞)抢救性清理发掘成果、2015年发掘计划以及关于"北京人"用火证据的新发现与研究进展。房山区人民政府副区长曹蕾、北京市文物局博物馆处处长哈骏出席发布会并发表讲话。中国科学院古脊椎动物与古人类研究所研究员、中国著名旧石器考古学家、古人类学家高星,中国科学院古脊椎动物与古人类研究所副研究员、猿人洞抢救性清理发掘队队长张双权出席发布会。

中国科学院古脊椎动物与古人类研究所研究员、中国著名旧石器考古学家、古人类学家高星在发布会上介绍说,"本次发掘中的一重要发现是清理过程中火塘、原地烧结土、烧石、烧骨等古人类用火遗物、遗迹的密集出现,它们为'北京人'用火行为的研究提供了重要的科学素材。回应了近30年来,部分西方学者质疑'北京人'用火及保存火种的能力一说。"新的研究成果对探讨周口店遗址的性质、"北京人"的生存能力和状况以及对在用火证据方面具有争议的诸多遗址的新研究,提供了重要的信息和启示。

中国科学院古脊椎动物与古人类研究所副研究员、猿人洞抢救性清理发掘队队长张双权介绍,在这几年的清理发掘过程中,先后对第4层堆积中上部、下部进行了发掘,共出土可鉴定标本上万件，其中包括近 4 000 件石制品（原料基本为脉石英，另有水晶、燧石、白云岩、细砂岩等，石制品类型包括石核、石片、刮削器、尖状器、砍砸器、断块、断片、碎屑等），可鉴定的大中型动物骨骼标本 3 000 多件（包括硕猕猴、肿骨大角鹿、葛氏斑鹿、马鹿、梅花鹿、野猪、犀牛、三门马、鬣狗等），另外还出土了啮齿类、鸟类等小型动物化石 2 000 余件。

保护及开发利用

中华人民共和国成立后，各级政府对周口店遗址的保护和开发做了很多工作，主要集中在以下几个方面：编制《周口店遗址保护规划》，修订《周口店遗址保护管理办法》，设立周口店遗址监测中心，建设周口店遗址新博物馆等，更好地发挥遗址的科研基地的职能和在精神文明建设方面的作用。以下将论述周口店遗址开发的方方面面。在论述时，对中华人民共和国成立前所做的工作也有所涉猎。

遗址保护

国家及地方政府的保护措施

（1）编制《周口店遗址保护规划》。

一个古文化遗址要想得到永续的保护与传承，提升其公共文化服务能力，必须在政策、制度、管理手段、保护措施等方面拿出一个宏观的控制手段和详细的实施方案，周口店遗址作为中国首批的世界文化遗产，在保护与传承的道路上，进行了不断地探索和实践。2003年，周口店北京人遗址管理处委托中国文物研究所和北京建筑工程学院城市研究所编制《周口店遗址保护规划》（以下简称《保护规划》）。

历时4年的详细论证，《保护规划》于2004年10月20日通过了房山区第五届区政府第20次区长办公会，2004年11月2日上报北京市文物局，经北京市文物局上报国家文物局，2005年10月12日得到国家文物局的批准，2006年6月12日在市长办公会上通过，2006年10月16日经北京市文物局公布实施。

《保护规划》重新规划了遗址范围，保护范围由之前的0.24平方千米扩大到4.8平方千米，其中包括重点保护区0.4平方千

周口店遗址分级保护规划影像图

米和一般保护区 4.4 平方千米，建设控制地带为 8.88 平方千米。规划分近期（2006 年至 2010 年）、中期（2011 年至 2015 年）、远期（2016 年至 2020 年）三期实施。

（2）修订《周口店遗址保护管理办法》。

《周口店遗址保护管理办法》修订工作自 2003 年启动，经过多方征求意见，反复修改完善后，形成了《周口店遗址保护管理办法（草案）》（以下简称《办法（草案）》），2012 年 3 月 31 日下午，北京市人民政府市长常务会议对《办法（草案）》进行了讨论，基本认可《办法（草案）》内容，同时提出了部分修改意见，经北京市法制办进一步修改完善后，以北京市政府令形式公布实施。

（3）设立周口店遗址监测中心。

世界文化遗产监测预警是指，监控和评估世界文化遗产的遗产区、缓冲区内可能对遗产突出普遍价值造成威胁的自然和人为因素的变化情况，并预先发出警示信息，以便于保护管理机构及时采取相应的处置措施，有效防范风险。

周口店遗址是我国古人类学、旧石器时代考古学和第四纪地质学的发源地，至今仍是这些学科领域在中国乃至世界的一处重要研究基地。然而，由于遗址各化石地点长期遭受各种自然力的影响，如雨水的冲刷侵蚀、冻胀作用、植物根系作用、表面风化及地震等，加之多年来人们在此开山采石等生产、生活行为，给遗址本体和周边环境造成了严重的破坏，成为威胁遗址安全的极大隐患。

市院共建后，遗址管理处根据《保护世界文化和自然遗产公约》对遗产地的保护要求，以及我国关于开展遗产地监测工作的有关文件精神，开始开展并不断完善对周口店遗址的监测工作。

遗址管理处先后开展了遗址化石地点温湿度监测、博物馆馆藏化石标本温湿度监测、遗址化石地点岩体位移监测、遗址化石地点风化拍照监测、遗址及周边环境监测，此外为了确保观众参观和遗址本体安全，在遗址博物馆内和遗址重要化石地点安装监控探头，对观众参观进行监测。

为使遗产保护向科学化、数字化迈进，2007年根据《保护规划》，编制完成了《世界遗产——周口店遗址监测信息化建设总体方案》和《世界遗产——周口店遗址监控系统建设总体方案》，监测内容包含气象与大气质量、区域生物、地质灾害与岩体稳定性、游人及车辆管理等影响遗址的各项因素，并通过数据采集、分析、研究，指导实际保护工作。同时，通过多学科融合及多技术应用，构建基于空间信息、物联网等现代技术的遗产监测，实时自动化系统和数字管理平台，实现对周口店遗址的全面监测、实时监控、数据分析、应急指挥、持续保护。为推进两个方案落实，遗址管理处于2011年与中国文化遗产研究院、北京普天通达科技有限公司、中国水利水电科学研究院等专业单位合作完成了《周口店遗址动态信息及监测预警系统设计方案》和一期建设方案，2012年5月得到了国家文物局的批准，并将周口店遗址列为中国世界文化遗产监测试点单位之一。

2012年12月31日，周口店遗址监测中心正式挂牌成立，标志着周口店遗址动态信息及监测预警体系建设正式开始。通过

4年的努力摸索与实践，已顺利实施了两期工程，正在开展三期建设工作。目前已完成周口店遗址动态信息及监测预警系统软件平台框架的搭建。同时对第1地点、第2地点、第3地点、第4地点、第26地点等遗址点实施了在线监测，并结合猿人洞保护工程的实施，对其进行工程监测。监测内容包括环境监测、本体与载体病害监测、游客监测、保护工程监测几部分，涉及综合气象、微气象、微环境、土壤含水率、稳定性、沉降、积水、表面病害、振动、游客、位移、倾角、应力、土压力等监测类型，共计300多项监测指标。

目前已安装的监测设备有气象站、温湿度传感器、壁温传感器、酸雨传感器、土壤水分传感器、倾角计、裂缝计、应变计、钢筋计、液位变送器、静力水准仪、工业相机、地震仪、游客计数仪、激光测距仪、数据采集器等在线监测设备，遗址监测和保护工程监测分别安装设备103个和35个，基本实现了遗址区核心区的在线实时监测。在保护工程建设过程中，根据工程进度，陆续安装了配套监测设备，并随着工程的进行逐渐安装完备。

（4）建设周口店遗址新博物馆。

周口店遗址博物馆迁建工程建设地点位于房山区周口店镇周口店村，规划总用地面积38 072平方米，其中建设用地面积12 500平方米，代征道路用地面积12 699平方米，代征绿化用地面积12 873平方米。建筑面积8 093平方米，建筑层数为地下一层、地上两层，地上为4 813平方米，地下为3 280平方米。

周口店遗址博物馆始建于1953年，当时为了让广大观众了解人类演化进程，满足观众的参观需求，中国科学院在周口店遗址建成 300 平方米的"中国猿人陈列室"向观众开放。后来由于展品不断增多，参观的观众不断增加，该陈列室已不能满足观众参观的需求，1971 年中国科学院拨专款进行了扩建，并更名为"北京猿人展览馆"，建筑形式为回字形结构，建筑面积为 1 036.32 平方米，一直沿用至今。

为了贯彻落实《市院共建协议》和《保护规划》，更好地保护遗址本体，遗址管理处开始筹划博物馆迁建工作。自 2006 年筹建伊始，迁建工作得到中央和北京市等各级领导的高度重视。

为了使新馆能够充分体现周口店遗址地域和历史文化特色，具有鲜明的时代感并蕴含厚重的文化底蕴，满足国家一级博物馆的社会服务功能，遗址管理处于 2008 年向国内外广泛征集新馆建筑设计方案，征集上来 10 个设计方案。2009 年 3 月 10 日，遗址管理处召开新馆建筑设计专家论证会，对征集到的方案优化比选，经过评议，专家们对北京市建筑设计研究院设计的新馆建设方案给予肯定，一致认为设计符合遗址保护总体要求，与周边环境协调，凸显了周口店遗址文化元素。

该方案设计既符合保护遗址的要求，充分体现了周口店遗址的文化内涵和元素符号，又满足展览空间、使用功能的需求，采取下沉式布置。建筑材料、色彩、形式尽可能贴近周边环境，使得整个建筑很好地融入周边自然环境。根据周口店遗址展陈主题和特性，新馆以新的建筑语言重新诠释人类文明起源的撞击点——对工具的使用（"北京人"由猿进化为人的标志之一）。结合场地地形，总平面设计以近似三角形布置，酷似北京猿人创造石器中的刮削器。建筑外观上的折面和折面间的交线取义于石器上的明显特征——刃口。这样的做法不仅使得建筑本身更具个性和博物馆的特征，还结合建筑材料，更好地表现出了"石器"这个主题。

2010年5月19日，新馆奠基仪式举行。2011年7月，博物馆新馆正式开工建设。2014年5月18日，周口店遗址新博物馆落成并向社会开放。新馆展陈采用"实物展陈与互动体验相结合、文物展示与场景再现相结合、传统展陈与数字技术相结合"的展陈手段，沿着发现、研究、保护3个层面脉络进行全面、系统地展示。让观众既能感受新馆建筑外形的震撼，又能够体会到人类文化的悠远深邃。

申报世界文化遗产

周口店遗址是我国第一批被列入《世界遗产名录》的文化遗产。1985年11月22日，我国成为《保护世界文化与自然遗产公约》的缔约国，1987年，我国提交申遗材料，当时提交的文本上一共只有5个地方——故宫、长城、敦煌、泰山、秦始皇陵兵马俑，没有周口店。当时这几个地方的材料递交上去后，联合国教科文组织世界遗产委员会的官员说，如果周口店遗址不能成为世界文化遗产，那么其他地方都没资格申请。

基于这个原因，中科院立刻起草了周口店遗址的申遗材料，时任博物馆馆长的袁振新立即用7张作文纸手写了申报材料。虽然只有非常简略的几页纸的文件,但上报后,周口店遗址立刻获批成为了世界文化遗产,这也成为了周口店遗址申遗的一段佳话。于是,周口店遗址于1987年成为了我国第一批被列入《世界遗产名录》的文化遗产之一。

如今,这7张作文纸被完好地保存在周口店遗址博物馆内。这份手书申请书大概介绍了周口店遗址的保护情况,而最后的申请理由非常简单:周口店遗址是世界著名的早期人类遗址,是同时代遗址中材料最丰富、最全面、最具代表性的一个,对研究和复原早期人类历史有重要价值。

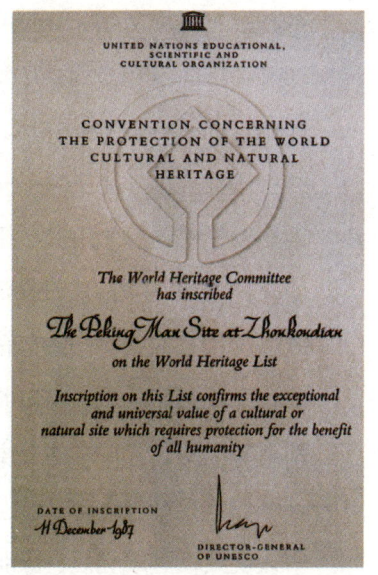

1987年,周口店遗址被列入世界文化遗产

遗址的开发利用

建立科研培训基地

周口店遗址是远古文化宝库,时间跨度从60万年前至1万年前,应充分利用其丰富的遗物为历史学、第四纪古脊椎动物学、

第四纪生物地层学和环境学的研究服务，尽量发挥它作为科研基地的功能。在这方面，中华人民共和国成立后做了许多工作，发挥了管理机构的组织作用，除研究新发现的材料外，对中华人民共和国成立前遗留下来若干未详细研究的哺乳动物化石和中国猿人石器等都进行了研究，撰有专著或论文发表。

科学在发展，认识在深化，周口店遗址的研究，紧跟科学的前进步伐，取得了一些新的研究成果，特别是在年代学和从中国猿人到山顶洞人的生活环境的研究方面，较中华人民共和国成立前有较大深化。中华人民共和国成立前，周口店各旧石器文化遗址的年代只能依地层和古生物的对比而得出它们的相对年代。中华人民共和国成立后，特别是20世纪70年代，用各种现代科技，依化石或堆积物中存在的放射性物质等为样品进行测年。尽管由于测年技术的局限和其他问题，仍有若干矛盾之处，但毕竟测出一批数据，进入了由相对年代到绝对年代的过程，使各遗址初步地建立起年龄资料，有了更具体的年龄数据。在古环境研究方面，由于各遗址都做过（有的不止一次）孢粉分析，使遗址古环境的研究从仅据动物分析，到增加了植物方面的资料，从而加深了对古遗址当时环境的了解，以及对从中更新世中、晚期至晚更新世环境的认识。

中华人民共和国成立后，周口店遗址群新的研究成果，不但能够更好地为历史学服务，还让人们对这段几十万年的历史的发展脉络和当时人的行为及对自然适应的能力有较前更深的认识。

扩大古人类活动范围的研究，始终被纳入周口店遗址作为科研基地的职能之一。从周口店第 1 地点的发现到 1933 年若干新的文化遗址被确认或被发现，及 1937 年对西扁担窝的考察，周口店遗址的研究者们一直把在周口店地区寻找更多古人类文化遗址为己任。中华人民共和国成立后，不断开展野外工作，发现了含文化遗物的周口店第 22 地点，进一步调查被确认的、时代可能与山顶洞人同时的第 25 地点（即西扁担窝岩厦遗址），还在周口店地区找到约 10 处新的哺乳动物化石地点，进一步显示周口店地区在史前研究方面还有良好的前景。

周口店遗址有多方面的科学资源，加以充分开发利用，是良好的培养人才基地。研究所（室）在这方面发挥了重要作用。1956 年下半年开办了"古脊椎动物与旧石器考古训练班"，从全国多个省抽调文物干部集中培训，裴文中、贾兰坡诸先生亲自授课。部分学员结业后参加了广西巨猿的考察工作，把理论和实践结合起来，获益匪浅。这个培训班的学员，有一部分人以此为起点，努力实践，在古生物学或旧石器考古学方面有良好的建树，如河北省的孟浩和贵州省的曹泽田等。

进入 20 世纪 80 年代，随着中国旧石器考古学新高潮的逐渐形成，学界对古脊椎动物、古人类和旧石器考古知识要求日渐增高。为适应这种新形势，在管理处组织下，办了多个培训班，如"旧石器考古学与第四纪地质学培训班""人体测量培训班""头骨复原，哺乳动物化石标本和旧石器模型制作培训班"等。学员来自 20 多个省（自治区、直辖市），受培训的学员先后有 200 多人，一些学员在培训后有良好的表现，发现了重要的旧石器遗址或哺乳动物化石地点。

随着文化交流范围的扩大,周口店遗址不仅是国内培训基地,而且成为国际培训旧石器考古学和动物考古学的课堂。1992年,周口店举办了"动物考古与石器技术培训班",动物考古主讲教师为美国加州大学人类学系教授弗德·冈扎列兹(D.Gifford-Gonzalez),石器技术则由美国印第安纳大学人类学系的多斯(N.Toth)和斯契克(Schick,K.)教授主讲。听课者有来自各省的文物干部和年轻研究人员,共20余人,他们从培训班中得到了这两个分支学科的最新知识。1996年、1997年、2000年和2001年,周口店遗址还成为乔治华盛顿大学(George Washington Uninersity)人类学系的野外实习基地。每次来华的师生为10人左右,由布鲁克斯(A.S.Brooks)教授带领,实习地域为周口店各遗址及附近山上,实习内容包括史前考古基本

中国地质大学周口店实习站

知识、野外发掘方法训练、测量、布方、发掘、记录、辨认化石及小哺乳动物化石的淘洗和筛选等,使学生在为期4周的学习中,打下较好的基础。此外,利用周口店遗址的现有条件,从20世纪70年代起,接纳全国各地质院(校)和地质专科学生到周口店进行野外地质实习。周口店遗址和北京猿人展览馆已成为良好的课堂、理论结合实际的。

开展科普教育活动

周口店的研究者一直重视科普工作。周口店遗址最早的中方领导人杨钟健曾提出"把死动物变活与群众见面"的口号。早在20世纪30年代,杨钟健和裴文中等以生动的笔触和深入浅出的描述,把周口店的研究成果介绍给中国的读者,使更多的国人能从中了解这项工作的意义。裴文中所著的《周口店洞穴层采掘记》(1934年出版,2001年再版)是其中的代表作之一。本来枯涩的考古发掘报告,经他的笔,平铺直叙、质朴生动,读之见情见景,有亲历感,熔知识性、趣味性于一炉,无论专业读者或非专业读者读之,从中均会有所得。他还主要利用周口店遗址出土的标本和研究成果,在1940年12月于燕京大学镜春园内创办了中国第一个"史前古物陈列馆",抗日战争胜利后改称"史前博物馆",对教学和向学生宣传相关知识起到良好的作用。

中华人民共和国成立后,为配合社会发展史的教育、辩证唯物主义和历史唯物主义的学习,以周口店遗址发现的文物为依据,裴文中和贾兰坡等写了大量的科普文章，发表于各种报章杂志上，如《从古猿到现代人》(1949年)、《劳动创造人》(1953年)、《中国石器时代文化》(1954年)，与上海人民出版社合作出版《十万个为什么》第19分册——《人类史》(1976年)，其中有关周口店遗址的材料达17篇之多。这方面的科普文章数量在百篇以上，见于几十种报纸和杂志上。此外，1959年，遗址与中央新闻电影制片厂合作，拍摄了《中国猿人》电影；在此基础上，还出版了连环画——《中国猿人》(1972年)。总之，研究所紧抓周口店遗址这块科普基地，通过生动的文字描述，不仅使周口店遗址研究的意义为广大民众所了解，在配合党的宣传上也起到良好的作用，成为精神文明建设不可代替的重要阵地之一。

周口店遗址作为科普基地的另一方面就是展示主要研究成果，通过文物的展出，生动而形象地说明人类如何一步一步地从低级到高级的发展历程。1950年初，应文化部科学普及教育局的要求，裴文中和贾兰坡利用周口店遗址出土的文物和研究成果，组织筹办了设于厂甸的"从猿到人"展览，展示了中国猿人如何用简单的石器从事生产，克服困难，繁衍生息，推动人类文化的发展；通过展示阐述保护文物的必要性和重要性，使之成为国际文化交流，增进各国人民友谊的窗口。

周口店遗址的展示分两个部分，主要遗址和展览馆。中国猿人陈列室建成于1953年9月21日，正式对外开放一直持续到1966年，1970年曾开放过2个月。北京猿人遗址展览馆于1972年建成，重新对外开放，起初每周开放5天或6天；进入20世纪80年代,改为全年开放。

广大观众通过对中国猿人遗址和其他遗址地层的考察和参观周口店遗址博物馆,得到了很好的原始社会史的教育和爱国主义教育,周口店遗址已被北京市定为爱国主义教育基地。为了使观众参观达到更好的效果,管理处于1997年完成了随身听系统,无须讲解员讲解,通过随身听即可得到周口店遗址的知识。此外,管理处还印制了周口店遗址说明书,8开张,铜版纸两面印刷,图文并茂,有一定的观赏价值和收藏价值。

2014年5月18日,在国际博物馆日当天,周口店北京人遗址博物馆新馆正式开馆。

出于文物保护的需要,博物馆新馆建筑高度为9米,分为地上两层和地下一层。建筑面积8 093平方米,是旧馆面积的8倍。建筑整体采取下沉式布置,材料、色彩、形式贴近周边环境。

博物馆大厅正中,是一尊高达4.5米的"北京人"雕像,"北

周口店北京人遗址博物馆新馆

"北京人"雕像

京人"手执木棍、肩扛猎物,仿佛刚刚完成狩猎、满载而归。展厅中,一面"石器墙"令人叹为观止。至今,遗址出土的石器共有10万件,过去受展示区面积限制,只能展出几十件,如今仅这面"石器墙"上展出的石器就有500多件。除了展出"北京人"头盖骨碎片、化石等之外,博物馆还采用山洞的表现方式,还原了数十万年前"北京人"生活的真实场景。

作为国家一级博物馆,周口店北京人遗址博物馆用来收藏、保护和研究周口店遗址历年来的考古发掘物,除基本陈列和临时陈列外,还有4D影院、互动展项、模拟场景等内容,很好地满足了开展科普活动的需要。

参考书目

[1] 卫奇.东谷坨旧石器的初步观察.人类学学报,1985,4(4):289-300.

[2] 王择义,邱中郎,毕初珍.山西垣曲南海峪旧石器地点发掘报告.古脊椎动物与古人类,1959,1(2):88-91.

[3] 王建,王向前,陈哲英.下川文化.考古学报,1978,(3):259-288.

[4] 尤玉柱,汤英俊,李毅年.泥河湾发现的旧石器.中国第四纪研究,1980,5(1):1-11.

[5] 尤玉柱.河北小长梁旧石器遗址的新材料及时代问题.史前研究,1983,(1):46-50.

[6] 辽宁省博物馆,本溪市博物馆.庙后山——辽宁本溪市旧石器文化遗址.北京:文物出版社,1980.

[7] 安志敏.河南安阳小南海旧石器时代洞穴堆积的试掘.考

古学报，1965，(1)：1-27.

[8] 刘玉林.甘肃泾川大岭上发现的旧石器.史前研究，1987，(1)：37-41.

[9] 李炎贤，谢飞，石金鸣.河北阳原板井子石制品的初步研究.第十三届国际第四纪大会论文选.北京：北京科学技术出版社，1991：77-93.

[10] 李超荣，郁金城，冯兴无.北京地区旧石器考古新进展.人类学学报，1998，17（2）：137-146.

[11] 李超荣，郁金城，冯兴无.北京王府井东方广场旧石器时代遗址发掘报告.考古，2000，(9)：1-8.

[12] 吴汝康.陕西蓝田发现的猿人下颌骨化石.古脊椎动物与古人类，1964，8（1）：1-11.

[13] 吴汝康.辽宁营口金牛山化石头骨的复原及其主要性状.人类学学报，1988，7（2）：97-101.

[14] 吴新智.从晚期智人颅牙特征看中国现代人起源.人类学学报，1998，17（4）：276-282.

[15] 吴新智，尤玉柱.大荔人遗址的初步观察.古脊椎动物与古人类，1979，17（4）：294-303.

[16] 张森水.中国北方旧石器工业的区域渐进与文化交流.人类学学报，1990，9（4）：322-333.

后 记

  周口店遗址是"北京人"的摇篮,也是世界人类重要发祥地之一,是人类进化史上一个非常重要的里程碑。它在世界同一阶段的古人类遗址中,资料最丰富、最系统,因而具有重大科学研究价值。1961年3月,周口店遗址被国务院公布为第一批全国重点文物保护单位,1987年被联合国教科文组织列入"世界文化遗产"项目(名称为"周口店北京猿人遗址")。

  周口店遗址出土的石器,用今日眼光看,像是破碎的石块,远古的先民就是用这样的粗糙的石器和骨器,克服重重困难,进行艰苦卓绝的奋斗,把历史推向前进。当人们了解人类的过去,会珍惜现在,自豪地、充满信心地去克服前进中的艰难险阻,去创造美好未来。因之,它是精神文明建设的重要组成部分。本书对我国这座古人类文化宝库,按遗址、研究与管理3篇作了十分详尽的记述,是一部资料翔实、丰富,总结和综合20世纪以来对这一遗址科学研究成果的精品志书，必将引起国内外科学界、史学界人士的广泛关注和重视。

本书以中国科学院古脊椎动物与古人类研究所资深研究员张森水撰写的《北京志·世界文化遗产卷·周口店遗址志》为基础整理而成，同时收录了周口店遗址最近几年最新的考古进展。张森水作为裴文中学术研究的传人，从事旧石器时代考古学研究工作近半个世纪。本书中的若干资料属第一次发表，弥补了周口店遗址档案的空白；应该说，本书凝聚了他的心血。

在本书框架的构思、体例及表述方式上，"京华通览"丛书编委会的有关同志曾先后洽商，形成并确定本书的篇章结构，在选材与表述方面尽可能做到全面、简明、科学。

中国科学院古脊椎动物与古人类研究所的专家学者：吴新智、侯连海和李传夔诸先生为本书提供有关资料和提出过宝贵意见；林圣龙和高星先生惠允使用部分未发表过的资料，以及提供相关的资料，并为本书的写作提供了很好的意见；给予帮助的还有祁国琴和郑绍华等专家。

在此，谨向以上同志与单位致谢。

2018 年 3 月